La dinàmica de grups en l'acció tutorial

Activitats per fer a l'aula

Ascen Díez de Ulzurrun Pausas
Agustí Masegosa Labad

W0272388

GRAÓ

Biblioteca de Guix | 101

Sèrie Tutoria
© Ascen Díez de Ulzurrun Pausas, Agustí Masegosa Labad
© D'aquesta edició: Editorial Graó de Serveis Pedagògics
C/ Francesc Tàrrega, 32-34. 08027-Barcelona
1a. edició: abril 1996
ISBN: 84-7827-133-3
D.L.: B-11654-1996
Disseny: ACE disseny
Producció: Punt i Ratlla de Serveis Pedagògics
Fotocomposició: CEVAGRAF, SCCL
Impressió: Imprimeix
Col·lecció Biblioteca de Guix

Índex

Introducció

L'escola actual, inserida en el marc de la reforma del sistema educatiu, hauria de centrar l'atenció més en el procés d'aprendre, en les actituds i en com l'alumnat construeix el coneixement, que no pas en l'acumulació de conceptes.

Perquè l'aprendre a aprendre es faci realitat cal una intervenció de caràcter psicopedagògic del professorat i per tal que això es doni s'ha d'entendre el grup classe com un conjunt de persones amb les seves peculiaritats, valors i interessos, entre els quals es produeixen uns intercanvis i unes relacions que porten cap a l'educació de tots i cada un dels membres del grup en tots els aspectes.

El nostre objectiu és presentar un seguit d'activitats que hem anat confeccionant i experimentant al llarg de diversos cursos escolars com a tutors i assessors psicopedagògics en diferents centres.

La progressió cíclica de les activitats que proposem permet la seva aplicació total o parcial, alhora que són susceptibles d'adaptacions o modificacions segons les característiques particulars de cada grup classe.

Ens agradaria proposar un nou perfil de docent que, mitjançant el seguit de propostes que presentem, pugui incloure com a tasca ajudar l'alumnat a conèixer-se i a valorar-se i així poder donar a les altres persones i a si mateix tot el potencial que porta a dintre i facilitar, al mateix temps, la dinàmica del grup classe. L'actitud de l'educador o de l'educadora és fonamental si volem que la posada en pràctica de les estratègies que proposem sigui efectiva. El mestre o la mestra ha de ser un membre més del grup classe, obert, suggerent, entusiasta i atent a les propostes i a les relacions que s'estableixen entre els seus components.

Sovint a les escoles ens trobem amb alumnes que no segueixen el programa educatiu, de vegades perquè viuen en un entorn poc afavoridor, amb manca d'afectivitat i bloqueigs emocionals; ara bé, també és cert que si aquests mateixos alumnes es troben a gust en el grup, si se senten acollits, compresos i estimats pel professorat i pels companys i les companyes, poden assolir els aprenentatges escolars amb més èxit.

Les activitats que proposem s'encaminen cap a la formació integral de l'individu, se centren més en la persona que ha d'aprendre que no pas en els continguts que aquesta ha d'assimilar, ja que si ajudem l'escolar a reflexionar, a pensar abans d'actuar, en facilitar-li tècniques de treball l'encaminarem a assimilar els continguts més bé. Cal proporcionar a l'alumnat els mitjans per ajudar-lo a madurar i que aquests li facilitin una inserció més bona en la societat.

Només ens resta fer una invitació expressa a posar en pràctica les activitats proposades en el vostre exercici professional.

1

La dinàmica de grups en l'acció tutorial

Entenem per acció tutorial el conjunt d'activitats que es porten a terme en els centres educatius que tenen per objectiu l'orientació personalitzada de l'alumne o l'alumna en els diferents àmbits del seu desenvolupament. És a dir, una orientació que parteix del coneixement de l'alumnat, de les seves característiques personals.

La funció tutorial és una acció educativa que facilita el procés d'aprenentatge. Com a tal, és una tasca col·lectiva que correspon a tots els mestres i les mestres. Aquests hauran de cercar estratègies per tal de potenciar la coordinació i la corresponsabilitat, ja que cada professional, sigui de l'àrea que sigui, ha d'integrar l'acció tutorial a l'exercici de la seva funció docent. Cal contemplar-la com un plantejament de grup.

L'equip docent ha de tendir cap a una visió més global de cada noi i noia, defugint de plantejaments parcials i estrictament acadèmics que proporcionen una percepció de l'alumnat només des de l'òptica d'una àrea curricular.

La figura del tutor o la tutora ha de tenir un paper rellevant com a últim responsable de la intervenció educativa envers el seu grup d'alumnes. Ha de ser qui dinamitzi i dugui a terme la coordinació de la funció tutorial amb la resta de professorat que intervé a l'aula.

El tutor és el primer orientador escolar com a conseqüència de la seva activitat docent.

En el moment que un mestre o una mestra s'interessa per l'alumnat i s'ocupa no només del seu desenvolupament intel·lectual, sinó també de les seves necessitats, preocupacions i inquietuds; en definitiva, de l'evolució de les seves habilitats socioafectives, que estan estretament lligades amb les anteriors, ja està realitzant una activitat psicopedagògica. Tenim la convicció que l'educació no només és la transmissió de coneixements, sinó quelcom més complex. Per tal de facilitar l'adaptació social de tots els alumnes i les alumnes, és necessari un diàleg comprensiu amb ells per afavorir que vagin incorporant, a més de coneixements, normes, valors i actituds.

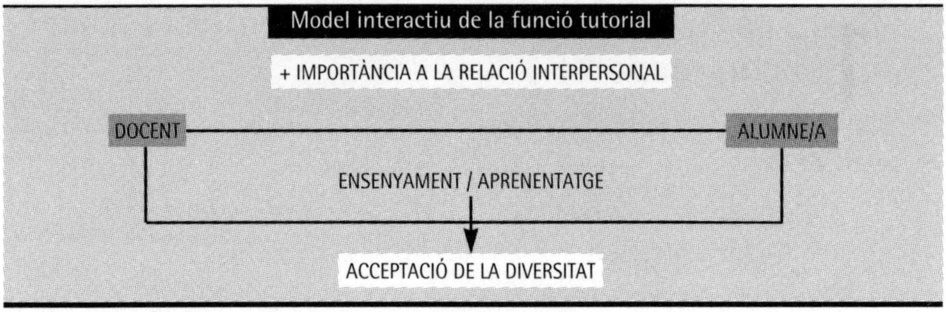

Des d'aquesta perspectiva el professorat incorpora una actitud comprensiva vers el grup i cadascun dels membres que el componen. Necessita la informació emesa pels alumnes com a retroalimentació permanent de l'acció educativa, ja que li aporta informació vers el grau de motivació, de com processen la informació, del nivell competencial, etc. Si ens emmarquem dins d'aquesta concepció, podem inferir que la tutoria queda inclosa dins la funció docent. Ensenyar no és res més que ajudar a aprendre i això requereix un coneixement de l'alumnat: el que és capaç d'aprendre, el seu estil d'aprenentatge, les seves motivacions, les seves angoixes, els seus hàbits, les seves actituds i els seus valors. Com a docents cal adoptar una actitud preventiva proactiva per detectar els impediments que poden dificultar el sempre necessari clima de confiança i autoestima imprescindibles per aprendre.

El mestre-tutor assumeix dos rols: el de docent i el de tutor-orientador. La tutoria no s'ha de viure com una càrrega afegida de responsabilitat, sinó com un contínuum de l'activitat docent.

La reforma educativa porta implícitament aquest canvi de mentalitat de l'educador i de la tutoria. El canvi cap a una educació promocionadora que educa des de la diversitat de l'alumnat i que intenta aconseguir un ensenyament-aprenentatge funcional i significatiu, implica canvis en el paper que han de desenvolupar els docents i les docents.

El perfil del nou professional de l'educació

Les característiques que defineixen aquest perfil són:

- Un professional coneixedor de l'àrea que imparteix.
- Capaç d'atendre la diversitat.
- Capaç de treballar en grup.
- Que comparteixi la responsabilitat de l'acció tutorial.

En el futur, el docent, transmissor de coneixements, anirà deixant pas al docent orientador. La seva tasca serà aconseguir, en cada moment evolutiu, el desenvolupament més satisfactori de les potencialitats personals i possibilitats socials, en funció dels interessos, aptituds i valors. No podem obviar que la relació que estableix el mestre o la mestra amb l'alumnat possibilita o dificulta un desenvolupament orientat cap a l'autonomia i la responsabilitat personal.

Bases psicopedagògiques que configuren el model interactiu proposat

Convé analitzar els tres àmbits principals de l'acció tutorial respecte a l'alumnat:

- Personal
  - Estabilitat emocional.
  - Autoestima.
  - Dificultats de relació.
- Social
  - Integració grupal.
  - Adaptació familiar.
  - Adaptació social.
- Aprenentatge
  - Habilitats bàsiques d'aprenentatge (memòria, atenció, llenguatge, percepció, etc.).
  - Tècniques instrumentals de base.
  - Tècniques i hàbits d'estudi.

És evident que existeix una estreta interrelació dels tres àmbits esmentats, de manera que quan hi ha un problema en un, aquest afecta també els altres.

En l'actualitat es disposa de molts mitjans per realitzar valoracions acurades de l'aprenentatge de l'alumnat, per conèixer què i com aprèn.

És en l'àmbit dels aspectes emocionals (els que ens permeten conèixer el comportament de l'escolar, quina imatge té de si mateix, com es comunica, quines habilitats socials ha anat incorporant, etc.) on normalment s'està més mancat de recursos o, si més no, són aspectes treballats sovint sense una sistematització acurada.

És interessant tenir presents alguns dels principis que fonamenten l'actitud relacional mestre-alumne. Ens podem ajudar en Carl Rogers i en el seu concepte de «relació empàtica», per tal de facilitar l'establiment d'una bona relació. No podem oblidar que el tutor o la tutora és el màxim responsable de propiciar un clima de comunicació efectiva tot afavorint la interacció amb i dins el grup classe. Però per aconseguir aquesta relació mestre-alumne cal que tots els docents tinguin present un seguit de factors que ens encaminen a crear un diàleg formatiu:

- El professorat ha de ser sincer amb l'alumnat, reconeixent els seus errors, sent com realment és en el món de les persones adultes, comunicant els seus sentiments.
- Ha de ser coherent en la seva manera d'actuar, amb congruència entre els seus missatges i la seva actitud no verbal.
- Ha de confiar en l'alumne o l'alumna donant-li responsabilitats i animant-lo a desenvolupar les seves possibilitats. Per això cal ser receptiu i acceptar la individualitat i la personalitat dels alumnes, defugir dels judicis de valor.
- Ha de ser just, tractant tots els nois i les noies per igual però de manera individualitzada, defugint de comparacions.
- Ha de saber escoltar l'escolar, però no de manera avaluadora, sinó utilitzant una escolta activa, capaç de modificar els missatges del seu alumnat.

És necessari interpretar la realitat de l'alumnat per tal de poder prendre decisions respecte als àmbits organitzatius i relacionals.

Funcions del professorat

Entre les diferents funcions d'un mestre o d'una mestra destaquem les següents:

- Conèixer l'historial acadèmic de cada alumne/a (recollir informació per tal de comptar amb uns coneixements previs, fer traspàs d'informació).
- Conèixer les seves capacitats, la seva personalitat, els seus interessos i les seves actituds.
- Conèixer les seves dificultats d'aprenentatge i, si és necessari, fer les adequacions curriculars pertinents.
- Assessorar l'alumne o l'alumna en les estratègies d'aprenentatge i els mètodes de treball intel·lectual.
- Portar una sistematització de tota aquesta informació.

Competències explícites del tutor o la tutora serien:

- per la coordinació d'actuacions amb la resta de mestres.
- Fer entrevistes amb les famílies.

Sintetitzant, les funcions principals dins de l'acció tutorial serien:

- Afavorir el progrés individual de cada escolar.
  Promoure una activitat interna en l'alumnat, i no tan sols dels processos cognitius, sinó abastar el seu desenvolupament afectivo-social. Es fa necessari adequar la intervenció tutorial a la diversitat de característiques individuals de l'alumnat. L'opció d'un currículum obert comporta més protagonisme del mestre o la mestra.
- Fomentar la interacció social i la cohesió del grup classe.
  Aquesta funció s'ha de dur a terme en les dues dimensions, tant de treball com de relacions, per tal d'afavorir i millorar les condicions necessàries per realitzar un ensenyament-aprenentatge significatiu.

És en aquest àmbit integrat de l'acció tutorial on s'emmarca la nostra aportació. Entenem el procés educatiu com un seguit d'interaccions socials. Les dinàmiques de grup proposades afavoreixen la sociabilització i l'aprenentatge. Pensem que en l'actualitat encara no es dóna prou importància al valor d'aprenentatge que té qualsevol experiència de grup.

2

Importància i possibilitats de les dinàmiques de grup

Els processos d'ensenyament-aprenentatge en els centres educatius es realitzen dins un context social, en grup d'iguals. Però tenir un nombre determinat d'alumnes agrupats en una classe no és suficient per constituir un grup. Una de les tasques principals d'un tutor o una tutora és trobar la manera d'afavorir el procés de passar d'agrupament a grup.

De definicions del que s'entén per grup n'hi ha moltes, i des de disciplines acadèmiques diferents (psicologia, sociologia, pedagogia, etc.), però totes tenen com a tret comú que s'emmarquen dins l'afectivitat i les relacions socials.

Una definició senzilla i alhora aclaridora és la d'Ulich (1974):

Un grup està format per dues persones o més que tenen certes coses en comú i que es troben en interacció, és un fenomen d'acostament mutu i a partir del qual sorgeixen les relacions socials.

Viure en grup comporta al noi i la noia una sèrie d'experiències que enriqueixen el seu bagatge personal i social.

Relacions del grup classe

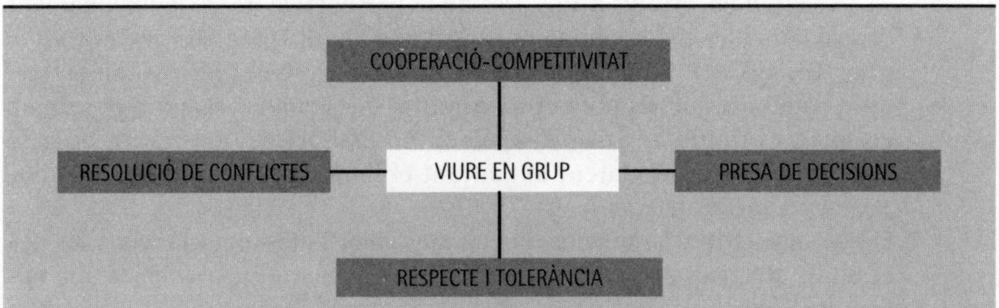

Cal potenciar la comunicació i la participació activa de tots els membres, al mateix temps que ens hem de centrar en cada individu com a ésser únic amb capacitat per col·laborar i ajudar les altres persones.

Les tècniques de grup ajuden al tractament de la diversitat, ja que permeten afavorir el tracte individualitzat i personalitzat de ritmes evolutius, incidint en l'evolució de la personalitat, el desenvolupament de la seva autonomia i la seva iniciativa i posen l'accent en els aspectes de responsabilitat i col·laboració en lloc dels de competitivitat.

En definitiva, educar la conducta del subjecte en grup és preparar-lo per viure en societat.

El grup classe

Es caracteritza perquè normalment l'agrupació d'alumnes en una classe no es fa per afectivitat, sinó de manera casual, ja que sovint s'utilitzen criteris d'ordre alfabètic o d'inscripció al centre, i per la seva amplitud aquesta està formada generalment, tret que s'hagi treballat, per una colla de subgrups i d'individus aïllats. Per tant, creiem que és prioritari cohesionar el grup per tal que els seus membres se sentin acollits, desenvolupin rols de cooperació vers els altres i a la vegada s'afavoreixi el seu propi treball.

El paper de l'educador i de l'educadora és fonamental, la nostra influència real en el grup estarà més basada en la nostra actitud personal i la nostra capacitat d'entusiasme que en el poder que el càrrec ens concedeix. Convertir les relacions abans esmentades en el quadre de la pàgina 13 en veritables situacions d'aprenentatge que ajudin els alumnes en el seu desenvolupament personal és tasca ineludible del mestre o la mestra. Intervenir per facilitar la transformació d'una agrupació d'individus en grup eficient pot donar lloc a què es millorin les relacions interpersonals des del rendiment acadèmic. Una manera d'intervenir per aconseguir aquesta transformació són les dinàmiques de grup, mitjançant les quals podem aconseguir:

- *Una millora dels aprenentatges*
  Sens dubte una classe que ha estat ajudada a desenvolupar-se com un grup madur aprèn més bé, ja que les noies i els nois que l'integren es troben més a gust els uns amb els altres, no estan a la defensiva i participen més activament en les tasques, la qual cosa incrementa les interaccions de l'alumnat entre si.
- *Una disciplina millor*
  La manca d'atenció i les maneres d'actuar desadaptades són problemes que es presenten en tots els grups. Des de la perspectiva del desenvolupament grupal la manca de disciplina és senyal que alguna cosa no funciona en el grup. Les activitats que promouen el desenvolupament grupal fan créixer unes habilitats que els permetran afrontar directament els problemes amb els quals es trobin. El desenvolupament grupal permet encarar la situació conflictiva que estava latent mitjançant el símptoma d'una mala conducta.
- *Relacions socials millors*
  El nou marc educatiu dóna cada cop més valor i més importància a les necessitats afectives de l'alumnat. El desenvolupament grupal implica una millora de la comunicació i de les relacions interpersonals.

Actualment entenem per aprenentatge el procés d'assimilació de cognicions i/o habilitats interactives, i prenen cada cop més força les habilitats socials com ara:

- Habilitat pel diàleg: saber escoltar, guardar el torn de paraula, saber expressar-se.
  Quan es treballa en grup s'aprèn, escoltant, a relacionar les pròpies opinions amb les dels altres, a admetre que hi ha qui pensa de manera diferent i que cal, mitjançant l'intercanvi de vivències, arribar a uns objectius comuns.
- Habilitats personals, que fan referència a totes aquelles conductes que faciliten la identitat i l'autonomia de l'alumnat.
- Habilitats d'interacció social, el respecte a les normes de l'entorn, la resolució de conflictes.

Cal ajudar l'alumnat a anar adquirint aquest conjunt de comportaments que facilitaran progressivament la seva competència social.

Evidentment, no és una tasca gens fàcil portar a terme un treball sistemàtic de caràcter sociabilitzador a l'aula. La dificultat més gran sovint és de tipus personal: aplicar sistemàticament una metodologia amb predomini de la interacció grupal requereix actituds flexibles, de canvi permanent, de tolerància davant els problemes i els conflictes propis de la dinàmica externa dels grups.

El coneixement per part del professorat de les tècniques de grup i la seva aplicació a l'aula són un mitjà útil per aconseguir prioritzar el valor d'aprenentatge que té intrínseca qualsevol experiència de grup i tendir així a una educació globalitzadora.

Les relacions interpersonals en el grup classe

En la mesura que una alumna o un alumne se senti a gust en el grup, hi trobi el seu lloc i mantingui bones relacions personals entre les companyes i els companys, els seus processos d'aprenentatge milloraran.

D'aquí que el paper dels mestres no es pot limitar als coneixements, sinó que han de vetllar pel desenvolupament de la personalitat del seu alumnat i per aconseguir un clima de classe que afavoreixi les relacions entre els seus membres, per tal de contribuir a crear una actitud de treball favorable.

Cal vetllar per cohesionar el grup per tal de facilitar un ambient d'acceptació a la classe, on les noies i els nois se sentin units i on es respiri una atmosfera de treball i cooperació, en contra d'una actitud apàtica i disgregant.

La noció de cohesió és en tot sentit central per a l'estudi dels grups, i els factors que la possibiliten és un dels temes d'investigació principals de la dinàmica de grups.

Factors de la cohesió

S'admet, en general, que un grup reduït es comunicarà amb més rapidesa i intensitat si les persones que en formen part poden interactuar amb facilitat i tenen característiques en comú.

Perquè un grup classe sigui atractiu a un noi o una noia ha de satisfer algunes de les necessitats personals, com les que experimenta per l'afiliació, l'acceptació, el reconeixement i la seguretat. Una alumna o un alumne considerat com a individualitat té necessitats que poden ser satisfetes si forma part d'un grup classe. Des d'aquesta perspectiva el grup sorgeix com un mitjà, més que no pas com una finalitat.

El corrent d'investigació sociomètrica s'ocupa especialment de buscar les xarxes afectives espontànies presents en tots els grups i que poden, segons els casos, reforçar o posar en perill seriós el joc de les estructures formals.

Una de les tècniques més utilitzades en l'àmbit educatiu és el sociograma, la seva aplicació en el grup classe per part del tutor o la tutora li proporciona una valuosa informació. Entre altres aspectes, li permet conèixer:

- El grau d'acceptació i de rebuig de cada membre del grup i si aquest és correspost.
- El grau de cohesió o de dispersió del grup.
- L'anàlisi de l'evolució dels canvis que es produeixen en el grup classe.
- I, al mateix temps, permet analitzar la facilitat o la dificultat del grup per integrar alumnes nous.

Les aplicacions posteriors són múltiples, tant individualment, pel que fa a l'orientació personal de l'alumna o de l'alumne, com pel que respecta al grup classe.

Els experiments han mostrat que les percepcions de l'alumnat respecte a l'atracció del grup poden ser influïdes pel simple procediment d'assenyalar els diversos atractius que té el grup i els avantatges de ser-ne membre.

Ara bé, algunes vegades hi ha classes que estan cohesionades negativament, en contra de l'aprenentatge escolar. En aquest cas són un obstacle per als esforços del professorat i de l'alumnat que intenta treballar. Aquests seran sistemàticament refusats per la resta de companys i companyes. Com es pot comprendre, la tasca de tutoria en aquest context és veritablement difícil.

Així doncs, el contrari de cohesió és disgregació. Algunes de les manifestacions que el tutor o la tutora pot observar, i que l'ajudaran a ser conscient d'aquesta disgregació, són: les agressions interpersonals, l'apatia vers les tasques escolars, la desorganització, etc.

En els grups en vies de formació sorgeixen processos de diferenciació i d'ajustament corresponents al sorgiment progressiu d'un sistema de rols més o menys clarament definits i articulats, els quals depenen a la vegada de les activitats realitzades i de les aptituds dels diversos membres. Només es pot parlar de «grup» quan aquest sistema de rols, a la vegada interdependents i complementaris, es troba en condicions de funcionar. El prestigi que el noi o la noia adquireix en l'àmbit socioafectiu és determinant en la seva posició dins el grup classe.

La relació i la implicació que s'estableix entre els membres d'un grup són factors que contribueixen a un clima determinat. Així doncs, per tal d'estudiar els processos dinàmics que tenen lloc en el grup, basant-se en les conductes del rol de cada membre, és important observar quin tipus de rol desenvolupa cada noia o noi en el seu grup classe. Hi ha diferents instruments d'observació, destaquem, entre els més coneguts i utilitzats, l'adaptació d'Aubry i Saint-Arnaud (1965), que ens pot servir com a pauta per a l'anàlisi.

Per clima de classe entenem, tal com diu la Dra. Marín: el resultat de les interaccions que es donen dins d'una aula i que procedeixen de les actituds que l'alumnat manté entre si i amb l'educadora o l'educador, com també respecte a les tasques d'aprenentatge.

Això no obstant, en l'àmbit educatiu l'experiència ens demostra que el clima d'un grup classe depèn en gran part d'un estil determinat de professorat o, dit d'una altra manera, d'un estil de lideratge.

Pel que respecta a l'alumnat, els seus líders eficaços es caracteritzen per tenir capacitats relatives a les tasques, per la seva sociabilitat i per la seva motivació vers el lideratge.

Gairebé tots els grups classe tendeixen a tenir un doble lideratge, constituït pel líder dels «aprenentatges» i un altre vers les «relacions interpersonals».

El clima de classe depèn, per una part, de les característiques personals dels membres que la componen i, per una altra, de les característiques del grup: nombre de membres, grau de formalització i institucionalització de les regles per les quals es regeix, objectius que pretén, estils de relació (model autoritari, democràtic, etc.).

El clima de classe es manifesta en el tipus de comportaments que hi predominen, el grau de cohesió entre els seus membres, el grau d'obertura de flexibilitat de rols, de participació, etc. En l'actualitat disposem de diferents qüestionaris per avaluar el clima d'aula, en destaquem el del professor Montané (1994). Nosaltres creiem que el grau de cohesió és un dels determinants fonamentals per afavorir el clima de grup i, per tant, el treball per millorar aquesta cohesió ajudarà a formar un grup que es converteixi en una unitat efectiva de treball.

De tot l'exposat podem concloure que és funció ineludible del tutor o la tutora afavorir la cohesió del seu grup classe, de manera que aquest no sigui únicament una munió de persones. La interacció entre els membres d'un grup afavoreix la creació d'una estructura que contribueix a assolir un nivell de cohesió determinat. Els grups amb una alta cohesió exerceixen en els seus membres més influència que els grups amb una cohesió escassa.

L'alumnat s'uneix al grup per satisfer alguna necessitat individual. Cal afavorir les interaccions de les noies i els nois, ja que són un mitjà per millorar el rendiment i la formació d'una autoimatge correcta. La relació humana i la formació d'un autoconcepte positiu són aspectes bàsics que possibiliten una bona actitud envers la resta d'aprenentatges. El clima d'una classe és decisiu a l'hora d'obrir oportunitats per aprendre. Pensem que val la pena esmerçar esforços per aconseguir una classe on l'alumnat s'escolti, es respecti i s'ajudi. El treball en grup augmenta el nivell de cohesió d'una aula. L'alumnat se sent més còmode en el grup si les activitats li resulten atractives.

3

Pla de treball

Els grups, com els que estan formats per alumnes, passen per diferents fases de desenvolupament. En cadascuna s'han de promoure diferents actituds i habilitats que no es produeixen espontàniament. Cal que la tutora o el tutor ajudi el grup en el seu procés.

L'evolució del grup es basa en dos pilars fonamentals:

- L'autonomia progressiva respecte al tutor o la tutora.
- La cohesió del grup.

Nosaltres plantegem dividir el procés de desenvolupament psico-social en dos grans blocs temàtics, seqüencials i alhora complementaris, tal com es mostra en aquest quadre.

Procés de desenvolupament psico-social

PRIMER	CONÈIXER-SE A SI MATEIX DESCOBRIR LES ALTRES PERSONES AFAVORIR LA CONFIANÇA AFAVORIR LA COMUNICACIÓ
SEGON	DINAMITZAR EL TREBALL DE/EN GRUP DINAMITZAR ELS CONFLICTES

És funció de l'equip de professors i professores adequar els instruments que cal utilitzar en funció del moment evolutiu de l'alumnat i de les necessitats concretes de cada grup classe.

Això requereix una formació específica i demana disposar d'unes eines de treball que hem de planificar acuradament per tal que el grup assoleixi el millor possible els seus objectius.

Un factor molt important que cal tenir present és l'edat, ja que pot passar que apliquem una tècnica que per la seva complexitat i pretensió depassi les possibilitats reals de l'alumnat. Com diu Thelen (1970):

Una tècnica no és en si mateixa ni bona ni dolenta, però pot ser aplicada de manera eficaç o molt malament.

Abans d'utilitzar una tècnica concreta ens hem de formular diferents interrogants:

- Quins objectius volem aconseguir?
- Quin nombre d'alumnes participarà en la sessió?
- Quin material necessitem?

La naturalesa de la pròpia activitat exigeix un nombre de participants. Hi ha activitats de tipus introspectiu d'autoanàlisi on només intervé el propi noi o noia, n'hi ha d'altres que exigeixen un nombre petit d'alumnes i d'altres en què es fa aconsellable que la realitzi tot el grup classe junt.

Metodologia

S'utilitzarà una metodologia experiencial, que es fonamenta en el desenvolupament d'experiències i vivències personals. L'alumnat es converteix en emissor i receptor alhora. El centre d'atenció se situa en el grup i no en l'ensenyant.

L'aplicació pràctica està organitzada en blocs metodològics que formen un contínuum. No n'hi ha cap que tingui un valor prioritari, sinó que el que realment és important és el conjunt i la seva aplicació progressiva. El professorat pot emprar aquelles activitats que consideri més adients i que s'adaptin més a les circumstàncies del seu context.

L'eficiència o no de les activitats exposades depèn en gran mesura del grau de participació de l'alumnat i de l'actitud del docent. Si com a tutors el que realment volem és que el nostre alumnat se senti part del grup i alhora estigui motivat envers les tasques, cal que l'impliquem en les diferents activitats exposades. L'actitud del docent ha de ser al més oberta i flexible possible.

Totes les activitats que presentem en aquest llibre estan basades en diverses tècniques de la dinàmica de grups. Pretén ser una guia que cal seguir per aconseguir un desenvolupament grupal en tots els seus aspectes. Només s'utilitzaran amb una finalitat educativa, en cap moment pretenen assolir finalitats de caire terapèutic.

Són un intent concret per atendre el grup classe a dos nivells:

- Que el grup se senti a gust.
- Que el grup reïxi en l'aprenentatge escolar.

Suggeriments d'ús

La nostra proposta de treball presenta diferents opcions a l'hora d'utilitzar el manual, segons les necessitats de l'equip docent o bé del propi tutor o tutora en particular.

En la part final d'aquest llibre es poden consultar tres engraellats on estan recollides les sessions pràctiques, són una guia que facilita al professorat la seva programació i l'aplicació a l'aula.

- Primerament (Graella 1), el registre de les dinàmiques de grup de manera processo-seqüencial i diferencial per cada nivell educatiu. Si bé l'acció tutorial és present en els diferents cicles i etapes educatives, pren dimensions diferents en funció de les característiques evolutives del nostre alumnat. Aquesta progressió cíclica de les activitats permet la seva aplicació total o parcial en funció de les característiques del grup classe.
  La distribució per blocs temàtics ofereix a la tutora o al tutor la possibilitat d'ampliació o complementarietat dels plans d'acció tutorial que porta a terme. Alhora, permet a l'equip docent un treball específic vers una temàtica concreta en un moment determinat, que pot facilitar la reflexió i l'evolució del grup classe.
- En segon lloc (Graella 2), presentem un model de programació per desenvolupar-lo al llarg d'un curs acadèmic amb una aplicació des de l'espai dedicat a tutoria o bé des d'una perspectiva més global d'equip educatiu.
  Aquesta opció, sens dubte, garanteix més cohesió de grup, ja que el treball que es realitza és constant al llarg del curs.
- Per últim (Graella 3), presentem un tercer quadre on, des de diferents àrees curriculars, es poden treballar unes actituds i uns valors determinats.
  Tot i la possibilitat d'aplicar les activitats en l'espai destinat a tutoria pel mateix tutor o tutora, seria interessant que fossin realitzades per l'equip docent des de les diferents àrees. Aquesta opció permet un treball transversal. És obvi que el procés d'ensenyament-aprenentatge afecta tant el nivell cognitiu com l'afectivo-social.
  Aquest plantejament que nosaltres defensem permet treballar els valors, les actituds i les normes de manera integrada dins l'estructura curricular.

4

Desenvolupament de les activitats

Activitats inicials

Al principi d'un curs acadèmic no existeix un grup classe configurat amb una dinàmica i una estructura pròpies; el tutor o la tutora té davant seu el que s'anomena un agrupament. Aquestes activitats introductòries al programa estan dissenyades per realitzar-les els primers dies per tal d'afavorir el coneixement mutu i apaivagar la fredor dels primers moments, ja que tota relació inicial està dominada per la inseguretat. Van encaminades a presentar les activitats que es duran a terme al llarg del curs.

En aquesta primera sessió l'actitud de la tutora o del tutor ha de:

- Facilitar que el grup es conegui i el conegui.
- Explicar el que espera del grup convidant-lo a fer tota mena de preguntes.

El país de la foscor

Objectiu

- Utilitzar l'activitat com a tècnica prèvia per presentar el programa que es realitzarà al llarg del curs.

Desenvolupament

El tutor o la tutora es presenta a la classe amb l'objecte que es proposa construir en els quadres, situant-lo en un lloc visible per a tothom. Comença a explicar una història.

> Hi havia una vegada un país on la gent no s'entenia, no hi havia confiança entre les persones que hi vivien, no dedicaven temps a conèixer-se millor, tothom anava a la seva i no s'ajudaven.
>
> Era un país amb un clima càlid, on el sol brillava i el paisatge era molt bonic. El sol feia temps que observava el que passava i volia fer-hi alguna cosa. Un dia, sense pensar-s'ho dues vegades, va cridar la seva amiga lluna i van idear un pla. Van decidir que a partir d'aquell moment el país es quedaria a les fosques i no tornaria a sortir el sol fins que totes les persones no es fessin més amigues.

A partir d'aquí el tutor o la tutora pregunta a les noies i els nois quins consells donarien als habitants d'aquell país imaginari per tal que hi tornés a sortir el sol.

Un cop els nens i les nenes hagin donat la seva opinió, se'ls pregunta si creuen si entre tots els companys i les companyes de la classe hi ha bona relació, si creuen que aquesta podria millorar, si els agradaria conèixer més bé els nois i les noies de la classe i així poder-s'ho passar tots junts molt i molt bé.

Esperant que la resposta sigui positiva es dóna la volta a l'objecte per tal que les noies i els nois puguin identificar-se amb el que hi ha representat. Una classe amb tot d'alumnes.

Quadre 1. Construcció de l'objecte

- Fer una fotocòpia ampliada dels dibuixos que hi ha a continuació.
- Retallar les dues línies contínues verticals, les finestres de la classe i el contorn del poble.
  També es retalla el cercle on hi ha el sol i la lluna.
- Pintar els dibuixos. Cal tenir en compte que la meitat del cercle representa la nit i l'altra meitat el dia.
- Enganxar una cartolina al darrera dels dibuixos per tal que tinguin més cos.
- Doblegar el dibuix del poble i la classe per les línies discontínues.
- Posar un parell de grapes a cada costat.
- Introduir el cercle dins la cartolina doblegada, entre el poble i la classe.
- Moure el sol i la lluna segons el que ens interessi.

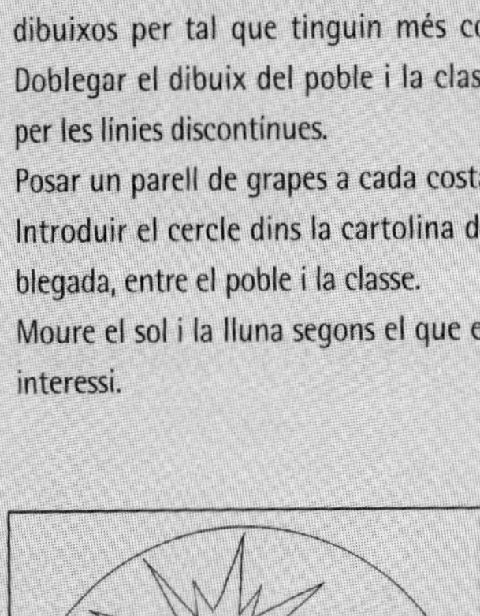

La tutora o el tutor proposa deixar l'objecte amb el cel fosc, ja que hi ha moltes coses que encara es poden millorar dins la relació del grup classe i suggereix que siguin ells i elles qui decideixin el moment en què el sol pot sortir. Aquest simbolitzaria la cohesió del grup.

Material

- L'objecte proposat en el model (quadre 1).

Avaluació

- Valorar l'actitud, l'atenció i la participació de l'alumnat.

Suggeriments

Si es considera oportú, es podria facilitar a cada escolar un objecte dels que utilitza el tutor o la tutora per presentar l'activitat, per tal que els nens i les nenes el pintessin a l'àrea de plàstica.

Construïm una màquina

Objectiu

- Ajudar a reflexionar sobre la dificultat de trobar el nostre lloc en un grup, de sentir-nos bé ocupant aquell espai i col·laborar a fer una tasca comuna tenint en compte tots els membres.

Desenvolupament

Es fan quatre grups. Se'ls diu que en el moment que el professor o la professora ho indiqui construiran una màquina. Condicions:

- No pot haver-hi cap més material que ells mateixos.
- Han de tocar com a mínim a dos companys o companyes.
- Han de fer sorolls.
- No poden parlar.

Un cop construïdes les màquines, mantenint els grups, es reflexiona sobre el que ha passat:

- Qui ha portat la iniciativa.
- Com ens hem sentit (estranys, bé, etc.).

Mireu com es pot relacionar amb fets reals, exemples concrets de classe, etc.

Amb els mateixos grups ara han de fer un cotxe. Han de seguir les mateixes condicions que abans. Aquesta segona vegada hauria d'anar millor.

Per acabar se'ls dirà que tot el grup classe alhora faci una màquina seguint les mateixes condicions.

Quan acabin es fa una reflexió conjunta.

- Costa més posar-se d'acord?
- Hem trobat el nostre lloc?
- Com ens hem sentit?

Avaluació

- Tenir en compte si segueixen les normes establertes.
- Observar com es desenvolupen els nois i les noies per construir la màquina: insegurs, els que prenen la iniciativa, la seva actitud (els que s'enfaden, els que intenten apaivagar alguna situació, etc.), etc.
- Valorar si s'arriba a l'objectiu que ens hem proposat.

Suggeriments

És convenient que el tutor o la tutora tingui clar el missatge que vol transmetre als nois i a les noies per tal de reconduir la tècnica cap a aquest fi. Per exemple: transmetre la importància de:

- Conèixer-nos a nosaltres mateixos per saber quin lloc podem ocupar per ajudar a construir alguna cosa plegats.
- Conèixer els companys i les companyes per tal de valorar-los i ajudar-los quan ho puguin necessitar.
- Guanyar-nos la confiança dels altres per tal de sentir-nos a gust i que, d'aquesta manera, sigui més fàcil arribar a objectius comuns, ja que treballar en grup és més enriquidor per a tothom.

Un cop fetes aquestes reflexions es pot plantejar al grup de fer al llarg del curs un seguit de tècniques per tal d'enriquir-nos com a persones. És molt important explicar bé l'objectiu de les activitats que es portaran a terme. A tall d'exemple, vegem algunes de les respostes d'uns alumnes de l'ESO on aquest prerequisit no va estar ben plantejat:

- Les fitxes que fem a tutories són divertides i les preguntes que fan també. Per altra part, però, sembla que siguin per descobrir la teva vida i surten unes preguntes que «fa cosa dir-les». Haurien de ser personals. Marc.
- Jo voldria saber per què es fan les fitxes de tutoria. A mi no m'importa gens, però no sé què volen aconseguir les mestres. Algunes són divertides i altres avorrides, però quasi totes parlen d'intimitats o preguntes tontes. Montse

Convé adonar-se que un dels interrogants principals que es plantegen els nois i les noies adolescents és l'ús que farà el tutor o la tutora de la informació.

Conèixer-se a si mateix

Des de la perspectiva de la psicologia humanística, aquest coneixement d'un mateix es genera mitjançant un procés dinàmic d'aprenentatge, fruit de l'experiència, respecte a la interacció amb els altres companys i companyes i amb les persones adultes més significatives (família, professorat).

El fet d'individualitzar-se i de sociabilitzar-se és un mateix procés simultani del qual sorgeix la identitat.

La identitat conceptual és fruit de l'autoreflexió en la consciència de les emocions, les percepcions i les representacions de la realitat en aquest anar i venir dels «altres cap a "mi" i de "mi" cap als "altres"». Cada creença corroborada i afiançada pel «jo» tendeix a reforçar la pròpia identitat. L'autoconcepte entès com la percepció que l'escolar té de les seves capacitats i de la seva vàlua està considerat com un prerequisit per a l'aprenentatge. La percepció que l'alumnat rep de les atribucions que li infereixen pare, mare, professorat, companyes i companys és molt important per al seu rendiment. Nombroses investigacions demostren l'estreta relació entre autoconcepte i rendiment acadèmic.

Rogers sosté que:

La relació és recíproca, és a dir, que l'autoconcepte és a la vegada causa i efecte del rendiment acadèmic (1961).

Així doncs, no ens ha d'estranyar que el rendiment acadèmic sigui més gran en aquells alumnes amb professorat que té expectatives més positives.

L'autoconeixement exigeix l'aclariment d'un mateix en relació amb: pensar, sentir, desitjos, inquietuds, necessitats, etc.; tots aquells aspectes que determinen la manera de ser i el nostre comportament.

Les activitats proposades en aquest capítol són eines per motivar una autoexploració de l'alumnat. Pretenen ajudar l'escolar a aconseguir un millor coneixement d'ell mateix proporcionant-li uns espais de reflexió, ja sigui amb activitats individuals o de grup.

Proposem activitats d'adaptació fent referència a la relació d'ajustament que s'estableix entre un individu i el medi. La família i el centre (companys, companyes i professorat) són dos medis vitals en què l'alumne o l'alumna passa la major part del seu temps. Si hi ha una inadaptació pot tenir conseqüències negatives, tant per al desenvolupament personal com per al rendiment acadèmic.

És obvi que cal relativitzar la credibilitat de les activitats en el sentit que l'alumnat està en un procés de formació, per tant, les tendències que manifesta o presenta en cap cas es poden considerar com a definitives.

El paper del tutor o de la tutora ha de tendir a aconseguir l'equilibri entre el treball de caire individual reflexiu, gens fàcil en alumnes tan joves, amb una tasca col·lectiva sobre el jo personal.

L'escolar hauria de formular, a partir del coneixement que té de si mateix, aquells canvis que desitjaria que es produïssin en la seva persona.

Dibuix

Objectiu

- Aconseguir que l'alumne o l'alumna es concentri davant un mirall per tal d'observar-se i poder dibuixar en un full de quina manera es veu.

Desenvolupament

Facilitar a l'escolar un full on pugui dibuixar-se tal com ell es veu a través del mirall (quadre 2).

Un cop el nen o la nena hagi acabat, l'ensenyant pot fer-li algunes preguntes, les quals vindran determinades per la manera com l'escolar s'hagi dibuixat.

Si és necessari, la tutora o el tutor orientador ajudarà l'escolar a escriure les respostes de les preguntes que acompanyen el full on l'infant s'ha dibuixat.

Material

- Fotocòpies del full model (quadre 2).
- Miralls.
- Llapis de colors.

Quadre 2. Full de l'alumnat *(Dibuix)*

DATA:............................ CURS:..

Mira't al mirall i dibuixa't:

Nom:...

Cognom:..

Edat:...

Color del cabell:...

Color dels ulls:..

Avaluació

- Observar l'atenció amb què l'alumne o l'alumna es mira al mirall i els detalls que dibuixa de la seva imatge.

Suggeriments

Es podria aprofitar l'àrea d'educació plàstica per fer aquesta activitat.

Verd, groc i vermell

Objectiu

- Reflexionar sobre el coneixement i l'estima que cadascú té sobre si mateix i l'opinió que les altres persones tenen d'ell o d'ella.

Desenvolupament

Abans que cada infant ompli la fitxa model (quadre 3) amb l'ajuda del seu mestre o de la seva mestra, aquest els explicarà el conte de *La granota i el bou* i a continuació farà una colla de preguntes orals al grup classe que ajudin a reflexionar sobre el contingut de la història.

LA GRANOTA I EL BOU

Una granota va veure un bou. I el va trobar molt bonic.

-Que gros que és! -deia-. Que n'és de gros! Tan petita com sóc jo! Quin greu que em sap! I que m'agradaria de ser grossa com el bou!

Aleshores la granoteta es posà a menjar molt per tornar-se grossa com el bou. No sempre tenia gana, però continuava menjant, i li deia a la seva germaneta granota:

-Mira, germana, mira si creixo; mira si em faig grossa com el bou!

-Oh, no! Encara no ets pas tan grossa com el bou!

La granoteta menjà més encara i s'engreixà una mica més; gairebé ja no podia saltar.

-Mira, ara, a veure si sóc grossa com el bou!

-Ui, no! No ets pas grossa com el bou. Ets molt més petita. Mai no seràs tan grossa com el bou.

Però la granoteta volia tornar-se grossa com el bou.

Es posà a menjar encara més herba i més mosques i tot el que trobava per menjar. S'anava engreixant, i la seva germaneta granota se'n mofava.

-Per més que mengis mai no seràs grossa com el bou! Ets una granoteta! Per què vols ser grossa com el bou? Si tu ets molt graciosa, tan menuda! Si fossis grossa com el bou, series lletja i no podries saltar per l'herba, ni amagar-te per les fulles o entre les canyes quan et volguessin agafar!

Però la granoteta no feia cas de la seva germana. Continuava menjant. I, no sabeu què va passar? Que va menjar massa, es posà malalta i es va morir.

Adaptació del llibre de Sara C. Bryant (1985): *Com explicar contes*. Barcelona. Nadal, pàg. 143-144.

Preguntes per treballar oralment a la classe:

- Com era la granota?
- Com era el bou?

- Es coneixia la granota? Per què?
- S'estimava?
- Estava contenta de ser com era?
- La seva germana, la coneixia?
- La seva germana, l'estimava?

Material
- Fotocòpies de la fitxa que han d'omplir les nenes i els nens (quadre 3).
- Gomets verds, grocs i vermells.

Avaluació
- Observar l'atenció dels infants mentre escolten el conte.
- Fixar-se en el seu interès a l'hora de contestar les preguntes sobre el conte i en el moment d'omplir la fitxa.

Suggeriments

Un cop el tutor o la tutora ha llegit el que han posat les nenes i els nens a la fitxa, és interessant comentar les respostes, ja sigui a nivell grupal o individual, especialment en aquells casos en què es cregui convenient.

Preguntes orientatives:

- Què has posat aquest gomet en aquesta pregunta?
- Recordes algun fet concret en què tu ho poguessis veure això? (que et coneixes, t'estimes, etc.).

Especialment quan els gomets siguin vermells, cal intentar donar a l'infant exemples concrets de coses que ell tingui o faci positives.

Es podria aprofitar l'àrea de llengua per fer aquesta activitat.

Quadre 3. Full de l'alumnat *(Verd, groc i vermell)*

NOM: ....

DATA: .... CURS: ....

Amb l'ajut del teu mestre/a contesta les preguntes següents tal com s'indica a continuació:

- Posa un gomet verd si la resposta és molt.
- Posa un gomet groc si la resposta és una mica.
- Posa un gomet vermell si la resposta és gens.

1. Jo em conec a mi mateix/mateixa ....
2. Jo m'estimo a mi mateix/mateixa ....
3. Els meus amics i les meves amigues em coneixen ....
4. Els meus amics i les meves amigues m'estimen ....
5. El meu pare i la meva mare em coneixen ....
6. El meu pare i la meva mare m'estimen ....
7. Els meus mestres em coneixen ....
8. Els meus mestres m'estimen ....

Simbologia

Objectiu

- Buscar un símbol que guardi alguna relació amb la manera de ser un mateix.

Desenvolupament

La tutora o el tutor orientador diu als alumnes que portin dues o tres coses amb les quals es puguin identificar, ja sigui pel color, la textura, la mida o qualsevol altre aspecte. Pot tractar-se del material més insospitat. Cada nen o nena explicarà davant del grup quina relació hi ha entre ell o ella i l'objecte/s, els material/s, etc. escollit/s.

Avaluació

- Valorar positivament el fet que tot l'alumnat hagi buscat un símbol amb què identificar-se. També cal fixar-se amb la seriositat de les seves intervencions.

Suggeriments

S'aconsella que mentre les nenes i els nens van presentant els símbols amb què s'identifiquen l'educador o l'educadora apunti en un full el que diu cadascú.

Cal observar les intervencions i, si es creu oportú, es pot preguntar el perquè de la relació establerta. Al mateix temps, si el plantejament d'algun escolar és negatiu, caldria qüestionar-lo i animar els companys i les companyes a atribuir alguna simbologia positiva al nen o la nena implicat.

Es podria aprofitar l'àrea de llengua per fer aquesta activitat.

Pintem

Objectiu

- Expressar, per mitjà del color, com es veuen a si mateixos i la relació que tenen amb les companyes i els companys.

Desenvolupament

Dividir un paper en dues parts utilitzant com a única tècnica el color. Al costat esquerre expressaran com es veuen a si mateixos i al costat dret simbolitzaran la seva relació amb les altres persones. Cal assegurar-se que tot l'alumnat disposa de tots els colors.

Un cop hagin acabat, cadascú anirà ensenyant als companys i les companyes el resultat final i se'ls animarà perquè expressin amb paraules el que han dibuixat i per què han utilitzat aquells colors.

Material

- Paper i colors.

Avaluació

- Valorar l'actitud i les intervencions de l'alumnat.

Suggeriments

Cal respectar si hi ha algun alumne que no vulgui comentar el que ha dibuixat. En tot cas, el tutor o la tutora orientador buscarà el moment per comentar-ho de manera individual.

Segons les intervencions que facin és necessari intervenir-hi per animar el noi o la noia expressant-li aspectes positius de la seva manera de ser i de relacionar-se amb els altres.

Es podria aprofitar l'àrea d'educació plàstica per fer aquesta activitat.

Pensa en tu

Objectiu

- Analitzar alguns aspectes de la seva pròpia història.

Desenvolupament

Es tracta d'escriure la seva autobiografia.

A la pissarra s'hi podrien escriure algunes orientacions.

Pensa en els teus primers records. Vés tan lluny com puguis de la teva infantesa.

La teva família...
El pare, ... la mare, ... l'avi, ...
Aquella vegada que vares estar malalt/malalta...
L'anècdota que vares protagonitzar...
Els primers amics i/o amigues...
El que t'agradava...
Quan vares començar a anar a l'escola...
Els bons records que tens...
Moments en què ho vares passar malament...
La millor excursió que has fet...

Un cop feta l'autobiografia, l'alumne pot escollir el passatge que vulgui compartir amb els seus companys i les seves companyes i llegir-lo en veu alta.

Material

- Paper.

Avaluació

- Valorar l'interès d'escriure l'autobiografia i l'atenció a l'hora d'escoltar els escrits dels companys i les companyes.

Suggeriments

La noia o el noi que expressa el seu passat el refà, fer-lo l'ajuda a entendre'l i el dota de sentit.

Es podria aprofitar l'àrea de llengua per fer aquesta activitat.

Jo sóc...

Objectiu

- Observar si l'opinió que cadascú té de si mateix coincideix amb la que les altres persones tenen d'ell o d'ella.

Desenvolupament

Cada escolar omplirà la fitxa

Material

- Fotocòpies de la fitxa model que figura en el quadre quatre.

Avaluació

- Valorar la seriositat de les respostes.

Suggeriments

Donar un temps perquè l'alumnat pugui reflexionar sobre la resposta dels companys i les companyes.

És convenient que l'educador o l'educadora parli amb aquells alumnes l'opinió dels quals no coincideix gens amb la dels companys i les companyes, o bé amb aquells que tenen una imatge dolenta. És necessari remarcar-ne totes les qualitats.

Aquesta activitat es podria realitzar a l'àrea de llengua. Si es decidís fer dins l'àrea de llengua estrangera caldria treballar abans els adjectius. Posar-ne exemples a la pissarra.

Quadre 4. Full de l'alumnat *(Jo sóc...)*

NOM: ....

DATA: .... CURS: ....

- Pensa i escriu les tres paraules que més descriguin la teva manera de ser:
  1. ....
  2. ....
  3. ....

- Demana a tres persones que et descriguin en una paraula:
  1. ....
  2. ....
  3. ....

- Les tres persones t'han descrit de la mateixa manera que tu ho has fet?

Sí ———— Una mica ———— Gens

Posa una creu al més a prop possible de la resposta.

Personatge

Objectiu

- A partir de la identificació d'un personatge, expressar les característiques d'un mateix o d'una mateixa.

Desenvolupament

El tutor o la tutora dóna la indicació que tothom es posi el nom d'un animal, una planta, un objecte, etc. que li agradi. Tot seguit, en un full, l'alumnat ha d'explicar totes les característiques del personatge que hagi escollit, escrivint sempre en primera persona i cada característica l'una a sota de l'altra.

Per exemple:

- Jo sóc un arbre molt alt.
- Arrodonit per la part de dalt.
- Tinc les fulles de color verd i cada any canvien de color.
- Estic sol al mig d'una plaça.
- M'agrada que el sol m'acaroni les fulles i aquestes s'engrogueixin.
- Em sento bé quan els nens i les nenes vénen a jugar a prop meu.

En una segona part, la tutora o el tutor hauria de buscar temps per tal que es poguessin anar llegint i comentant els escrits de cada infant individualment.

Preguntes orientatives:

- Preguntar després de cada característica el perquè.
- Interessar-se per si coneixen algú que tingui característiques semblants a les de la planta, l'animal, l'objecte, etc. Preguntar de quina persona es tracta. Per què.
- L'última pregunta podria ser si creu que ell o ella té alguna de les característiques que ha escrit i per què. Si la resposta és afirmativa es pot preguntar si està content o contenta de ser d'aquella manera. Per què. Com li agradaria ser, etc.

Material

- Paper i llapis.

Avaluació

- Valorar l'actitud i l'interès.
- En la sessió individual cal tenir en compte el grau de participació en les respostes.

Suggeriments

És important ressaltar les qualitats de l'escolar.

L'activitat podria dur-se a terme dins l'àrea de llengua o de coneixement del medi social o natural.

El nostre temps

Objectiu

- Reflexionar sobre com esmercem el nostre temps.

Desenvolupament

Donar a cada escolar un full model (quadre 5) per tal que contesti les diferents preguntes que hi ha.

Quadre 5. Full de l'alumnat *(El nostre temps)*

NOM: ....

DATA: .... CURS: ....

1. Explica un dia normal de la teva vida, des que et lleves fins que te'n vas a dormir.

   ....

   ....

   ....

   ....

2. A continuació posa en columna totes les activitats que facis i al costat escriu el temps que dediques a cada cosa (p. ex., dormir: nou hores, escola: cinc hores, menjar: tres hores, jugar: tres hores, televisió: una hora, treballs escolars: dues hores, esport: una hora).

3. Fes un rectangle i parteix-lo en 24 parts iguals que representaran les 24 hores que té el dia. Escriu en cada part l'activitat que realitzes i pinta-les de diferents colors.

4. Torna a dibuixar un rectangle com l'anterior i escriu en cada part com t'agradaria repartir el teu temps. A continuació explica el perquè.

   ....

   ....

   ....

   ....

Un cop contestades, seria convenient posar les respostes en comú per tal que tots i totes coneguin les respostes de les companyes i els companys i es pugui reflexionar, amb la intervenció del tutor o de la tutora, sobre com podríem, si fos el cas, distribuir més bé el nostre temps.

Material

- Còpies del full model (quadre 5).

Avaluació

- Valorar l'interès, l'actitud i les intervencions davant el grup.

Suggeriments

Seria interessant que la tercera pregunta s'aprofités per dur-la a terme en l'àrea de plàstica.

Hi haurà nenes i nens als quals els costarà contestar algunes de les preguntes i serà necessari la intervenció del tutor o de la tutora, qui també caldria que parlés individualment amb aquells infants les respostes dels quals així ho requerissin.

El meu rendiment acadèmic (I)

Objectiu

- Fer reflexionar sobre aspectes determinats de les seves situacions acadèmiques.

Desenvolupament

Individualment l'alumnat omple la fitxa que presentem al quadre 6. Un cop omplerta es comparteixen les respostes amb el grup i posteriorment es fa un debat.

Material

- Còpies de la fitxa model (quadre 6).

Avaluació

- Valorar la participació i l'actitud de l'alumnat, tant en el treball individual com en el debat.

Suggeriments

Sovint la noia o el noi té una idea molt imprecisa de la seva trajectòria acadèmica. L'autoconcepte acadèmic és un aspecte molt concret de l'autoconcepte global. El tutor o la tutora pot detectar desajustaments en analitzar les respostes entre aptituds i rendiment, tant a nivell individual com grupal.

Pensem

Objectiu

Afavorir la reflexió del coneixement i l'apreciació d'un mateix.

Quadre 6. Full de l'alumnat *(El meu rendiment acadèmic I)*

NOM: ....

DATA: .... CURS: ....

Qüestionari personal:

Contesta amb sinceritat. Fes un cercle a l'opció proposada:

1. Hi véns de gust a l'escola? SÍ NO
   Per què ....

2. T'agrada estudiar? SÍ NO
   Per què? ....

3. Quina àrea t'agrada més?

Català	Matemàtiques	Música
Castellà	Educació Física	Plàstica
Coneixement del medi social	Anglès	Ètica
Coneixement del medi natural		

Per què?

- N'has de fer pocs exercicis
- L'has d'estudiar poc
- S'hi fan experiments i observacions
- S'hi fan sortides, enquestes, etc.
- T'agrada com l'explica el mestre o la mestra
- Altres motius

4. Quina àrea t'agrada menys?

Català	Matemàtiques	Música
Castellà	Educació física	Plàstica
Coneixement del medi social	Anglès	Ètica
Coneixement del medi natural		

Per què?

- N'has de fer molts exercicis
- L'has de memoritzar molt
- No hi ha observació ni experimentació
- No l'entens quan l'explica el mestre o la mestra
- Altres motius

5. Les teves notes corresponen al teu esforç en l'estudi i en el teu treball? SÍ NO
   Per què? ....

Desenvolupament

Cada noi i noia realitzarà per escrit la fitxa que s'adjunta (quadre 7).

Seria convenient que la mestra o el mestre orientador busqués un espai per parlar amb cada infant sobre el resultat de les seves anotacions.

Material

- Fotocòpies de la fitxa (quadre 7).

Avaluació

- Valorar les respostes de l'alumnat quant al grau de reflexió per part seva.
- Observar si el grau de coneixement i apreciació de l'alumne o l'alumna ha augmentat en relació amb el començament de la intervenció per part de la mestra o del mestre orientador.

Suggeriments

Seria recomanable que aquesta activitat es realitzés com a avaluació després d'haver aplicat diferents tècniques de coneixement d'un mateix.

Quadre 7. Full de l'alumnat *(Pensem)*

NOM: ....

DATA: .... CURS: ....

1. Jo em veig a mi mateix/a:

....

....

2. Tres de les meves qualitats són:

....

3. Jo em sento feliç quan:

....

....

4. Jo em conec a mi mateix/a mi mateixa:

Molt bé — Bé — Una mica — Quasi gens — Gens

5. Jo m'aprecio/m'estimo a mi mateix/a:

Molt — Una mica — Gens

Definicions

Objectius

- Conèixer el significat d'adjectius que mostren diferents maneres de ser i reflexionar quins s'incorporarien a un mateix.

Desenvolupament

Facilitar a cada alumne/a una fitxa model (quadre 8) per tal de poder reflexionar sobre un mateix.

Material

- Diccionaris.
- Fotocòpies de la fitxa (quadre 8).

Avaluació

- Assegurar-se de la comprensió dels diferents adjectius.
- Valorar l'actitud i la participació dels nois i les noies.

Suggeriments

Un cop omplerta la fitxa seria interessant, a nivell de grup classe, parlar del que vol dir ser d'una manera determinada i quines implicacions hi ha al darrera.

Aquesta activitat podria realitzar-se a l'àrea de llengua.

Quadre 8. Full de l'alumnat *(Definicions)*

NOM: ....

DATA: .... CURS: ....

Busca al diccionari les paraules següents i escriu-ne el significat:

. Optimista

....

. Pessimista

....

. Realista

....

. Idealista

....

Un cop conegut i/o reflexionat sobre el significat d'aquestes paraules, escriu a sota com et veus a tu: optimista o pessimista, realista o idealista.

Jo sóc més aviat .... i ....

Jo

Objectiu

- Afavorir el propi coneixement i despertar l'actitud d'acceptació i comprensió.

Desenvolupament

Cada noi i noia disposarà d'una fitxa model (quadre 9) per tal de poder reflexionar sobre la seva manera de ser i pensar com aquestes conductes influencien en la seva relació amb les altres persones.

Es donarà el temps suficient per tal que la reflexió pugui portar-se a terme per part de l'escolar.

Material

- Fotocòpies de la fitxa model (quadre 9).

Avaluació

- Valorar l'actitud de l'alumnat.

Suggeriments

En els casos que el tutor o la tutora orientador ho cregués necessari, s'aconsellaria buscar un espai per tal que aquest o aquesta pogués parlar amb l'alumnat sobre les seves respostes per tal de transmetre-li que cadascú té la seva personalitat i que com a persones tothom tenim qualitats i capacitat per donar i rebre. I, per tant, és necessari valorar-nos pel que som, sempre intentant millorar en aquells aspectes possibles.

Es podria aprofitar l'àrea de llengua, catalana, castellana o estrangera, per fer aquesta activitat.

Quadre 9. Full de l'alumnat *(Jo)*

NOM: ....

DATA: .... CURS: ....

Posa una creu en cada línia a l'alçada segons com et vegis a tu mateix o a tu mateixa:

Divertit/divertida	├──────┼──────┤	Avorrit/avorrida
Segur/segura	├──────┼──────┤	Insegur/insegura
Savi/sàvia	├──────┼──────┤	Ignorant
Agradable	├──────┼──────┤	Pesat/pesada
Relaxat/relaxada	├──────┼──────┤	Tens/tensa
Fort/forta	├──────┼──────┤	Dèbil
Obert/oberta a les altres persones	├──────┼──────┤	Tancat en mi mateix/mateixa
Altruista	├──────┼──────┤	Egoista
Ben acceptat/da	├──────┼──────┤	Aïllat/aïllada
Interessant	├──────┼──────┤	Avorrit/avorrida
Actiu/activa	├──────┼──────┤	Passiu/passiva

Els animals

Objectiu

- Oferir un espai per pensar com ens agradaria ser, com ens veu la gent i com som en realitat.

Desenvolupament

Donar a cada escolar un full (quadre 10) on pugui escriure el que pensa seguint les indicacions que se li donen. Se'ls diu que anotin el nom de tres animals per ordre de preferència i al costat hi posin el perquè utilitzant adjectius.

Un cop hagin acabat, cal oferir-los un espai per tal que reflexionin si els adjectius que han escrit tenen alguna relació en com els agradaria ser (primer animal), en tal com la gent els veu (segon animal) i en com són en realitat (tercer animal).

Indicacions que anirà donant l'educador o l'educadora.

- Llegeix per tu el nom del primer animal i les qualitats que n'has escrit. Aquests adjectius representen el que a tu t'agradaria ser.
- Penses que realment és així com t'agradaria ser?
- Per què t'agradaria tenir les qualitats d'aquest animal?
- Quines altres qualitats t'agradaria tenir?

Cal recordar als nois i les noies que no poden dir res, que es tracta d'un treball personal de cadascú.

Després d'un temps de silenci, continuar:

- Llegeix per tu el nom del segon animal i les qualitats que n'has posat. Aquests adjectius represente tal com la gent et veu.
- Penses que els altres et veuen d'aquesta manera?
- Per què creus que la gent et veu així?
- Dones motius perquè et vegin d'aquesta manera?
- De quines altres maneres creus que et veu la gent?

Després d'uns quants minuts de silenci:

- Llegeix per tu el nom del tercer animal i les qualitats que n'has escrit. Aquests adjectius represente tal com ets de veritat.
- Creus que ets així realment? Per què?
- Quins altres adjectius consideres que reflecteixen la teva manera de ser?

El tutor o la tutora orientador pot anar fent altres preguntes, quan ho cregui oportú, per tal d'ajudar-los a fer un treball més acurat de reflexió.

- Estàs content/a de ser com ets? Per què?
- Creus que és bo estar obsessionat a ser com una altra persona? Per què?
- Penses que la persona pot arribar a canviar la seva manera de ser? Per què?
- Creus que tothom hauria d'estar content de ser com és? Per què?
- És important sentir-se bé amb un mateix? Per què? Com et sembla que una persona pot arribar-hi?

Materials

- Fotocòpies del model del quadre deu.

Avaluació

- Valorar l'actitud i les intervencions de l'alumnat (si es considera que n'hi ha d'haver).

Suggeriments

Un cop els alumnes hagin fet la reflexió per ells mateixos, caldria potenciar que expressessin en públic algunes de les seves reflexions.

El tutor o la tutora pot aprofitar les últimes preguntes que es proposen per iniciar un col·loqui on tothom pugui donar la seva opinió.

Quadre 10. Full de l'alumnat *(Els animals)*

NOM: ....
DATA: .... CURS: ....

- Escriu el nom d'un animal que t'agradi: ....
- Per quines qualitats? ....
- Pensa el nom d'un segon animal que t'agradi: ....
- Per quines qualitats? ....
- Escriu el nom d'un tercer animal que t'agradi: ....
- Per quines qualitats? ....

L'activitat podria dur-se a terme dins l'àrea de coneixement del medi natural.

La màscara

Objectiu

- Analitzar per què actuem de diferents maneres. Afavorir la millor comprensió d'un mateix i de les altres persones.

Desenvolupament

És molt freqüent que en les relacions humanes les persones ens amaguem darrera de «màscares» o, dit d'una altra manera, de determinades actuacions que ens són més còmodes a l'hora de relacionar-nos amb les altres persones. Actuem d'una manera determinada per defugir de plantejar-nos les nostres pròpies opinions, actituds, etc., o per por de deixar-nos conèixer com som realment.

L'activitat consisteix a facilitar a cada alumne o alumna una fitxa, la qual hauran d'omplir seguint les pautes que hi ha indicades.

L'activitat acabarà amb una posada en comú en la qual es comentaran les màscares més freqüents i es reflexionarà sobre per què, de vegades, ens amaguem darrera d'elles.

Material

- Fotocòpies del full model (quadre 11).

Avaluació

- Valorar l'interès i l'actitud, tant en el treball individual com en la participació davant els companys i les companyes.

Quadre 11. Full de l'alumnat *(La màscara)*

NOM: ....

DATA: .... CURS: ....

- Analitza individualment i uneix amb fletxes la llista següent:

Solitari/Solitària	Se'n riu de tothom, amb mala idea.
Competidor/Competidora	Vol ser el primer sempre en tot.
Ploraner/Ploranera	Sempre està d'acord amb tot.
Conformista	Vol saber-ho tot de tothom.
Pallasso/Pallassa	Mai no troba l'hora de fer el que ha de fer.
Xafarder/Xafardera	Imposa sempre el seu parer.
Cínic/Cínica	Només pensa en ell mateix o ella mateixa i els seus interessos.
Romancer/Romancera	Només sent admiració per ell mateix o per ella mateixa.
Indecís/Indecisa	Mai no pren una decisió en solitari.
Dominant	Aspira a fer riure, li agrada fer-se el simpàtic o la simpàtica
Vanitós/Vanitosa	Tot ho arregla amb excuses, cerca sempre la compassió.
Egocèntric/Egocèntrica	Li agrada estar sol o sola.

- Utilitzes sovint alguna d'aquestes màscares?
  Saps per què?
- A continuació, en petit grup, afegiu a la llista més màscares que conegueu:
  ....
  ....
  ....
- L'activitat s'acaba en una posada en comú de les vostres respostes i reflexions.

Suggeriments
Aquesta activitat podria realitzar-se a l'àrea de llengua (adjectius/diccionari).

Autoexploració del jo

Objectiu
- Analitzar alguns aspectes de la personalitat dels nois i les noies.

Desenvolupament
Cada alumna o alumne individualment respon el qüestionari (quadre 12). Posteriorment es fa un comentari en gran grup dels diferents resultats. Es pot centrar la conversa en el resultat final: (obert/reservat - vitalista/trist). Cal anar amb molt de tacte. Parlar del significat de cada paraula. Preguntar si algú vol fer algun comentari. Com s'han sentit. Si els agradaria canviar o millorar en algun aspecte. Si creuen que ho podran aconseguir, etc.

Un cop acabada l'activitat és bo que el tutor o la tutora llegeixi per ell sol les respostes de l'alumnat i les comenti, individualment, quan el perfil del noi o de la noia sigui molt pessimista. Cal fer una orientació positiva en la qual es ressaltin les qualitats del noi o de la noia i escoltar, sobretot, els motius que ell o ella diu que l'han fet opinar d'una manera i no d'una altra.

Material
- Fotocòpies del qüestionari (quadre 12).
- Fotocòpies del full de correcció (quadre 13).

Avaluació
- Valorar l'interès que posen els alumnes en omplir el qüestionari i posterior comentari en grup.

Suggeriments
La personalitat és un dels elements més importants, però alhora més difícils de treballar a l'aula. Cal tenir molt present el caràcter dinàmic dels alumnes, ja que estan en evolució permanent.

El meu rendiment acadèmic (II)

Objectiu
Facilitar la reflexió vers aspectes determinats de la pròpia situació acadèmica.

Desenvolupament
Realitzar un diagrama de barres amb les notes obtingudes amb les àrees d'una avaluació i un altre amb les notes que l'alumnat pensa que obtindrà en finalitzar el curs.

A continuació analitzar individualment la gràfica i observar si existeix una correspondència entre les preferències per una assignatura i els resultats.

Material

El tutor o la tutora hauria de crear un model de diagrama per poder relacionar les àrees i les classificacions de les qualificacions utilitzades pel centre.

Quadre 12. Qüestionari *(Autoexploració del jo)*

NOM:..

DATA:............................ CURS:..

Aquest qüestionari pretén ajudar-te a què et vagis autoconeixent. Per tant, no hi ha respostes ni bones ni dolentes.

Normes generals

- Consulta amb el tutor o la tutora tot el que no entenguis.
- Contesta amb sinceritat.
- Respon amb espontaneïtat, és a dir, pensant les preguntes però no gaire estona.
- Posa una creu segons si la resposta és afirmativa o negativa:

	SÍ	NO
1. Tinc pocs amics i amigues		
2. Em trobo a gust enmig de molta gent		
3. De vegades penso que no serveixo per gran cosa		
4. Per realitzar un treball, prefereixo col·laborar amb altres persones		
5. Em costa molt fer noves amistats		
6. Tinc tendència a limitar les meves amistats a un grup molt reduït		
7. La major part del dia no tinc ganes de fer res		
8. Sóc acceptat/acceptada molt aviat		
9. Sovint em sento trist/trista		
10. Com més bé m'ho passo és estant sol/sola		
11. De vegades penso que no val la pensa viure aquesta vida		
12. Generalment m'ho passo força bé en les festes i reunions		
13. Sovint penso que no sóc útil per a ningú		
14. Em sembla que les altres persones em rebutgen		
15. Quan els amics i les amigues organitzen reunions i festes pensen en mi		
16. Crec que la meva vida és bastant desgraciada		
17. Sovint penso que no arribaré enlloc en la meva vida		
18. De vegades penso que sóc una persona molt poc feliç		
19. Sovint estic descontent/descontenta amb mi mateix/mateixa		

Quadre 13. Full de correcció *(Autoexploració del jo)*

Analitza tu mateix/mateixa les teves respostes:

ÍTEMS	RESPOSTES	PERFIL Obert/oberta	PERFIL Reservat/reservada
1		NO	SÍ
2		SÍ	NO
4		SÍ	NO
5		NO	SÍ
6		NO	SÍ
8		SÍ	NO
10		NO	SÍ
12		SÍ	NO
14		NO	SÍ
15		SÍ	NO

ÍTEMS	RESPOSTES	PERFIL Vitalista	PERFIL Trist/trista
3		NO	SÍ
7		NO	SÍ
9		NO	SÍ
11		NO	SÍ
13		NO	SÍ
16		NO	SÍ
17		NO	SÍ
18		NO	SÍ
19		NO	SÍ

Fes la correspondència entre les teves respostes i les del perfil. Si coincideixen en un nombre superior a set respostes, manifestes una tendència a: ....

Avaluació

- Valorar l'actitud i la reflexió vers el tema.

Suggeriments

Sovint el noi o la noia té una idea molt imprecisa de la seva trajectòria acadèmica. L'autoconcepte acadèmic és un aspecte molt concret de l'autoconcepte global.

El tutor o la tutora pot detectar desajustaments en analitzar les respostes entre aptituds i rendiment, tant a nivell individual com grupal.

S'aconsella fer un debat sobre les notes i l'avaluació amb el gran grup classe.

Com sóc jo

Objectius

- Explorar la pròpia personalitat.
- Millorar la relació interpersonal.

Desenvolupament

La personalitat la podem definir com un conjunt de característiques i maneres de reaccionar. Cal comentar als nois i a les noies que cal conèixer-se un mateix, la manera de ser d'un o d'una, ja que totes les persones som diferents de les altres.

El tutor o la tutora dóna la fitxa model del quadre catorze i explica el seu funcionament.

L'activitat la realitzaran en parelles:

- Cada noi o noia individualment triarà cinc adjectius que el defineixin de la llista que hi ha a la fitxa model i omplirà el primer apartat d'aquesta fitxa.
- Després n'escolliran cinc que defineixin el seu company o la seva companya i els escriuran en un paper a part.
- S'intercanviaran les llistes dels adjectius apuntats al full a part corresponents a company o a la companya.
- A continuació copiaran en el segon apartat la llista d'adjectius confeccionada per la companya o el company. Cal que comprovin les coincidències i les diferències entre com es veu cadascú i com el veu un company o una companya.

Quadre 14. Full de l'alumnat *(Com sóc jo)*

NOM:............................ ....

DATA:............................ CURS: ....

Llista d'adjectius:

Reservat/Comunicatiu	Tímid/Decidit	Despreocupat/Responsable
Calmós/Actiu	Ferm/Vulnerable	Introvertit/Extrovertit
Optimista/Pessimista	Segur/Dubitatiu	Dòcil/Dominant
Dependent/Independent	Sensible/Impertorbable	Estable/Inestable
Sobri/Entusiasta	Sociable/Autosuficient	Patidor/Panxacontent
Tranquil/Nerviós		

Omple el quadre següent:

Com em veig	Com em veuen	Coincidències
1.	1.	1. ....
2.	2.	2. ....
3.	3.	3. ....
4.	4.	4. ....
5.	5.	5. ....

Es disposarà d'un temps per tal que puguin parlar amb el seu company o la seva companya i així poder analitzar les respostes.

Material

- Fotocòpies del full model (quadre 14).

Avaluació

- Valorar l'actitud i la seriositat de les respostes, com també el diàleg entre l'alumnat.

Suggeriments

Per dur a terme l'activitat, cal que existeixi un bon clima de confiança entre l'alumnat.

Es podria aprofitar l'àrea de llengua per fer aquesta activitat.

La família

Objectiu

- Analitzar i valorar diferents actituds que es poden donar dins del marc familiar.

Desenvolupament

A nivell de petit grup, arribar a fer una llista consensuada de les actituds prioritàries en favor o en contra de l'harmonia familiar.

Preguntes per consensuar:

- Quines són, al vostre parer, les cinc actituds bàsiques perquè una família funcioni?
- Quines creieu que són les actituds bàsiques que dificulten la convivència? Busqueu-ne cinc.

Es poden escriure en un full.

Recursos

Confeccionar una llista d'activitats. Per exemple:

. Confiança	. Rivalitat	. Egoisme
. Amistat	. Menyspreu	. Gelosia
. Recel	. Acceptació	. Inseguretat
. Franquesa	. Agraïment	. Generositat
. Intimitat	. Indiferència	. Seguretat
. Tendresa	. Desconfiança	. Respecte

Avaluació

Valorar el grau de participació i l'interès.

Suggeriments

Hem de ser conscients que des del centre no podem resoldre conflictes familiars, però sí que podem oferir un espai per a la reflexió d'actituds. Els nois i les noies adolescents són reservats en tot el que fa referència a les seves famílies, la nostra actitud com a tutors i tutores ha de ser la d'oferir ajut a qui ho demani.

Es podria aprofitar l'àrea de llengua per fer aquesta activitat.

Imaginació

Objectiu

Facilitar la reflexió sobre un mateix a partir de diferents situacions imaginàries.

Desenvolupament

Ens posem en rotllana i es demana silenci, atenció i concentració.

Quadre 15. Història *(Imaginació)*

Imaginem-nos que som al mig d'un bosc i arriba una nau espacial. Hi pugem i ens dirigim a un món desconegut.

Passem per sobre una selva

- Com t'imagines la selva des de dalt de la nau? (Com t'imagines la vida)

De cop i volta la nau trontolla i ens dirigim sense control qui sap on. Sou l'únic supervivent

- Com veus la selva un cop has aterrat? (Vida real)
- T'esperaries que vingués algú o marxaries lluny de la nau? (Com actues a la vida -et llances, et tanques...)

Imagina't que decideixes allunyar-te

- Quines coses de la nau agafaries? (Coses materials o no)

Avances per la selva i de cop et trobes amb un animal

- Què faries? (Com actues davant els problemes petits)

Segueixes caminant i et trobes amb un animal gros

- Què faries? (Com actues davant els problemes grans)

De cop et trobes amb una clau

- Com és? (Concepte d'amistat)

Després de molt caminar trobes una tassa a terra

- Com és, de quin material? (Concepte de l'amor)

Estàs cansat/cansada, trobes una paret

- Com la veus? És de difícil accés o de fàcil accés? (Mort)

Imagina't que la travesses

- Què hi ha al darrera? (Com veus el més enllà)

El tutor o la tutora amb una veu molt pausada comença a explicar una història (quadre 15). Entremig anirà plantejant unes preguntes que cada noi o noia anirà contestant-se en el seu interior, sense dir res.

Després de donar un espai per fer aquesta reflexió, la tutora o el tutor anirà comentant (contingut en els parèntesis) amb què han de relacionar la seva resposta. Pot donar algunes orientacions, però en tot moment cal silenci per part de l'alumnat.

Avaluació

Valorar:

- l'actitud,
- el silenci
- les intervencions finals (si es dóna espai perquè n'hi hagi).

Suggeriments

És molt important mantenir l'espai de silenci. Un cop acabada la història, sense precipitar-se, es pot incitar perquè l'alumnat voluntàriament expressi com s'ha sentit i/o expliqui algunes de les seves respostes, o simplement es pot donar un espai per tal que hi pugui expressar el que vulgui.

L'activitat es pot aprofitar per fer en una sortida, en una excursió, per exemple anant pel bosc.

Es deixa a cada noi o noia que segui on vulgui, però suficientment a prop de la resta dels companys i les companyes i del tutor o la tutora per tal de poder seguir les explicacions que es donen.

Jo en aquest centre

Objectiu

- Reflexionar vers el grau d'adaptació al centre.

Desenvolupament

Cada noi o noia individualment respon el qüestionari del quadre setzè.

A continuació es comenten els resultats a nivell de grup classe.

Material

- Fotocòpia del qüestionari (quadre 16).

Avaluació

- Valorar la seriositat de les respostes.

Suggeriments

L'adaptació fa referència a la relació d'ajustament que s'estableix entre l'alumnat i el medi (companys i companyes, professorat, etc.).

Una inadaptació pot tenir conseqüències negatives, tant pel desenvolupament personal com pel rendiment acadèmic.

Quadre 16. Qüestionari *(Jo en aquest centre)*

NOM: ....

DATA: .... CURS: ....

Ja ha passat un cert temps des del primer dia que vas arribar, ho recordes?

Tot canvi implica un procés d'adaptació.

Aquest qüestionari està pensat per ajudar-te a reflexionar quins aspectes has/hem de millorar per facilitar-te aquesta adaptació al nou centre. Contesta amb sinceritat, fes un cercle a l'opció amb la qual estiguis d'acord:

A. Sempre o gairebé sempre

B. Algunes vegades

C. Mai o gairebé mai

1. M'agrada venir a aquest institut	A	B	C
2. Les normes de disciplina són adients	A	B	C
3. Les classes són interessants	A	B	C
4. En aquest centre em sento lliure i em puc manifestar com sóc	A	B	C
5. Hi rebo un tracte agradable	A	B	C
6. Em sento bé amb els nous companys i companyes de classe	A	B	C
7. Els professors i les professores són agradables	A	B	C
8. Els professors i les professores són justos amb les notes	A	B	C
9. Els professors i les professores ens tracten a tothom igual	A	B	C
10. L'organització del centre és massa rígida	A	B	C
11. Algun professor o professora explica la matèria massa ràpidament	A	B	C
12. Els mètodes dels professors i les professores són obsolets, antiquats	A	B	C
13. El nombre d'alumnes per classe és excessiu	A	B	C
14. Hi ha alumnes que vénen a perdre el temps al centre i ens el fan perdre als altres	A	B	C
15. Sovint penso que aquí em costa trobar el meu lloc	A	B	C
16. Sovint penso que m'he equivocat i que no puc continuar aquí	A	B	C

Descobrir els altres/Afavorir la confiança

Tot i que el mestre a educació primària acostuma a estar diversos cursos amb uns alumnes, cada any ens trobem davant d'un nou repte educatiu i cal, primer de tot, conèixer-nos millor de manera que això ens permeti fer un pas endavant, agafar confiança per sentir-nos part d'un mateix tot que serà el grup.

En tot grup classe s'estableixen uns vincles entre els seus membres que tenen el seu origen en l'afectivitat. El professorat hem de potenciar unes condicions perquè es realitzi una experiència d'interrelació, matriu de la comunicació i la cooperació.

Difícilment es manté una actitud afectiva neutra respecte a les altres persones. Quant més estimulades i variades són les interaccions entre l'alumnat d'una classe, més induïm a les actituds positives.

El fet de sentir-se acceptat o rebutjat és una variable que exerceix una influència considerable en la conducta de l'alumna o de l'alumne. Una classe centrada en l'alumnat provoca més cohesió grupal, més participació amb les companyes i els companys, més confiança en si mateixos i alhora més influència.

En la consecució dels seus objectius, els grups classe amb una cohesió elevada són més eficaços que els grups amb poca cohesió. La confiança és una percepció social, és un judici de valor. Si tenim un judici positiu de la sinceritat d'una persona diem que confiem en ella. Nosaltres entenem que un dels valors socials prioritaris que l'escola hauria de fomentar és la confiança.

En aquesta fase, l'actitud de la tutora o el tutor orientador ha d'afavorir:

- el coneixement mutu,
- la confiança.

Mitjançant la seva conducta indicarà com espera que el grup es tracti.

Descobrir els altres

Cantem

Objectius

- Conèixer el nom de tots els companys i les companyes de la classe.
- Aprendre la lletra de la cançó i animar-se a cantar-la.

Desenvolupament

A mesura que van arribant les noies i els nois se'ls convida a seure a terra en rotllana. La tutora o el tutor ho fa com un membre més.

Un cop tothom està assegut, l'ensenyant explica que, començant per la seva dreta i després que hagi fet un senyal, s'aniran aixecant d'un en un i diran el seu nom en veu alta.

Tot seguit, el nen o la nena que es troba a la seva dreta s'aixeca i s'espera que digui el seu nom.

A continuació, l'ensenyant li dirigeix unes paraules, s'aconsella posar-hi música, com si es tractés d'una cançó (es pot utilitzar la que figura en el quadre dissetè).

Un cop s'hagi acabat de «cantar» la cançó, l'infant seu i el company o la companya del seu costat s'aixeca i se segueix el mateix procediment anterior, de tal manera que es faci a tots els nens i les nenes.

Es tracta que tots els infants vagin aprenent la lletra de la cançó i la puguin anar dient al mateix temps que ho fa el tutor o la tutora.

Material

- La lletra i la música de la cançó (quadre 17).

Avaluació

- Valorar la participació dels infants, observar si la majoria va memoritzant la lletra de la cançó i el nom de les companyes i els companys.

Suggeriments

S'aconsella que aquesta activitat es faci el primer dia de classe i que es repeteixi més d'un dia, si es creu necessari.

L'activitat podria dur-se a terme a l'àrea de música.

Quadre 17. Cançó *(Cantem)*

-Hola (nom del nen o de la nena), com estàs?
(l'infant contesta: -Molt bé!).
-I les teves amistats com van?
(l'infant contesta: -Molt bé!)
-Farem el possible per ser uns bons amics...
-Hola (nom del nen o nena) digue'ns com estàs?
(l'infant contesta: -Molt bé!).

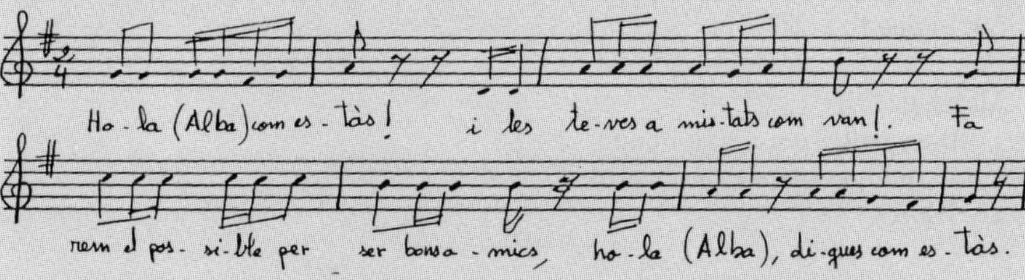

El semàfor

Objectiu

- Conèixer les opinions i la manera de pensar de les companyes i els companys.

Desenvolupament

Tots els infants es posen en rotllana asseguts en una cadira. Cadascú té a les mans dos pals amb una rodona de paper fet per ells enganxada en un extrem. El mestre o la mestra anirà fent una sèrie de preguntes als nens i nenes, si aquests pensen que la seva resposta és afirmativa aixecaran el pal amb la rodona verda i si pensen que la seva resposta és negativa aixecaran el pal amb la rodona vermella.

Abans de començar es comentarà als infants que es fixin en la resposta dels companys i les companyes.

Possibles preguntes:

- M'agrada parlar i explicar el que penso.
- M'agrada discutir-me amb les companyes i els companys.
- M'agrada passejar acompanyat/acompanyada per la platja o la muntanya.
- M'agrada que tothom faci el que jo vull.
- M'agrada ajudar les companyes i els companys.
- M'agrada conèixer gent nova.
- M'agrada llegir un llibre abans d'anar-me'n a dormir.
- M'agrada sentir-me rebutjat pels companys i les companyes.
- M'agrada que les altres persones m'escoltin quan parlo.
- M'agrada mirar la televisió.
- M'agrada fer enfadar els companys, les companyes, la mare, el pare i els mestres.
- M'agrada sentir-me estimat/estimada.
- M'agrada...

Un cop creiem que ja hem preguntat prou coses, comentarem als infants que a partir d'ara, demanant la paraula, podran preguntar a les companyes i els companys el perquè d'algunes de les seves propostes. Per exemple: Maria, per què vols que tothom faci el que tu vols?

Material

- Dues palles per nen o nena.
- Cartolina o paper xarol vermell i verd.
- Tisores.

Avaluació

- Valorar l'actitud i la participació de l'alumnat.

Suggeriments

Segons com hagin anat les respostes, podem aprofitar algun tema per parlar-ne obertament amb tot el grup classe algun altre dia. Per exemple: sobre la televisió, la lectura, els amics, les amigues, sentir-se sol, ajudar les companyes i els companys, etc.

Els altres

Objectiu

- Pensar en les qualitats dels companys i les companyes de classe.

Desenvolupament

Ens posem tota la classe en rotllana. El tutor o la tutora anima l'alumnat perquè digui les qualitats dels seus companys i companyes/amics i amigues: simpàtics, bones persones, alegres, bon jugador o jugadora de futbol, etc.

A continuació es dóna, a l'atzar, un globus a un escolar. Aquest, amb els ulls tancats, el tirarà a un company o companya. Els dos infants que estiguin al costat de qui té el globus diran dues qualitats d'aquest o d'aquesta. Tot seguit qui té el globus tancarà els ulls i el tirarà a un altre company o companya i se seguirà el mateix procediment descrit anteriorment.

Cal tenir present que en algunes ocasions el tutor o la tutora hi haurà d'intervenir per tal d'ajudar a trobar qualitats dels infants.

Material

- Globus.

Avaluació

- Valorar l'actitud, l'interès i les qualitats que diuen als companys i les companyes.

Suggeriments

Per facilitar la pràctica, abans de començar l'activitat el tutor o la tutora pot escriure a la pissarra algunes qualitats que serveixin d'orientació i comentar-les. Cal deixar clar que totes les persones tenim coses positives i que cal pensar-hi. Per exemple:

. Simpàtic/Simpàtica	. Comunicatiu/Comunicativa
. Divertit/Divertida	. Respectuós/Respectuosa
. Col·laborador/Col·laboradora	. Comprensiu/Comprensiva
. Treballador/Treballadora	. Etc.

El/la ... que més m'agrada és...

Objectiu

- Reflexionar sobre les preferències d'un mateix o d'una mateixa i col·laborar perquè els infants es coneguin millor entre ells.

Desenvolupament

Ens posem en rotllana. Per torn cada infant anirà dient el que li agrada més de les dues o tres coses que hi haurà apuntades a la pissarra o haurà dit el mestre o la mestra.

Un cop tothom hagi acabat de dir-ho, la mestra o el mestre donarà un paperet a cada escolar on hi haurà apuntat el nom d'un company o companya. Cadascú haurà de fer memòria per recordar què ha respost la persona que li ha tocat.

El mestre dirà un nom d'un nen o d'una nena (per exemple: Pere) i aquest o aquesta haurà de dir tot el que recorda del company o la companya que li ha tocat (per exemple: Pilar). Com a mínim n'haurà de recordar una cosa, llavors la Pilar explicarà el perquè de la seva resposta (per exemple: «He dit que l'animal que més m'agradava era el gos perquè jo en tinc un i és molt carinyós»). Llista de possibles coses que es poden preguntar (apuntades a la pissarra): Menjar, Animal, Flor, Programa de televisió, Joc, Llibre, Cançó, Número, Esport, Dia de la setmana, etc...

Avaluació

- Atenció dels nens i les nenes a l'hora de pensar en les seves preferències i recordar les de les companyes i els companys.

La carta

Objectiu

- Expressar per escrit les qualitats d'un company o una companya.

Desenvolupament

Repartir a cada escolar un paperet amb el nom d'un company o una companya. Es tracta d'escriure una carta explicant a la persona que t'ha tocat totes les qualitats que li veiem. Aquesta carta s'ha de fer arribar al seu destinatari a través del correu.

Material

- Fotocòpies del model que presentem (quadre 18).

Suggeriments

Seria convenient que abans de començar es fessin alguns exemples de cartes a persones imaginàries a la pissarra.

Es podria aprofitar aquesta activitat per fer-la a l'àrea de llengua.

Quadre 18. Full de l'alumnat *(La carta)*

NOM: ....

DATA: .... CURS: ....

Escriu una carta a la companya o company que t'ha tocat. Explica a aquesta persona totes les qualitats que penses que té. Tot el que hi posis han de ser coses maques. Totes les persones tenim aspectes positius, pensa una mica i segur que et sortiran moltes qualitats.

....

...................., a .... de .... de ....

Estimat/Estimada ....

....

....

....

Els meus amics i amigues

Objectiu

- Reflexionar sobre les amistats i pensar estratègies per millorar la relació.

Desenvolupament

El tutor o la tutora comença la sessió explicant una història imaginària (segons l'edat es pot modificar o suprimir)

Avui a la classe d'en Pep han reflexionat sobre l'amistat. Entre tots els membres de la classe s'ha arribat a la conclusió que no sempre els amics o les amigues responen allò que se n'espera. Una companya, la Marta, deia que a ella li sabia molt greu veure com hi ha companys i companyes que no guarden un secret que se'ls havia confiat. En Joan comentava que considerar algú més amic o amiga que una altra persona no volia dir que a totes hores s'hagués d'anar amb aquesta persona i no es pogués jugar amb altres companyes i companys de la classe. En Pep creia que a l'aula hi havia noies i nois que ignoraven els altres i ell considerava que això no estava bé.

Després d'aquesta introducció, la tutora o el tutor convida l'alumnat a fer una activitat semblant a la que havien fet a la classe d'en Pep.

Dóna a tothom un full, com el del quadre 19, en el qual cadascú haurà de contestar seguint els anunciats.

Un cop hagin acabat d'escriure, la tutora o el tutor llegirà les frases del full i s'obrirà un torn de diàleg per tal d'aprofundir en la situació, reflexionant en si està bé o no actuar de determinada manera, i, si és possible, intentar buscar estratègies per evitar o afrontar aquestes situacions. Durant la conversa convé no personalitzar, parlar en sentit global.

Material

- Fotocòpies del full model (quadre 19).

Avaluació

- Valorar l'atenció, la participació i la qualitat de les intervencions.

Suggeriments

És aconsellable que el tutor o la tutora reculli els fulls un cop acabada la sessió per tal que aquest pugui fer algun tipus d'intervenció individual si les respostes així ho apunten.

Quadre 19. Full de l'alumnat *(Els meus amics i amigues)*

NOM: ....

DATA: .... CURS: ....

Posa una creu davant d'aquelles situacions que hagis viscut alguna vegada.

Alguns companys i companyes només em volen quan els puc ser útil.

Alguns companys i companyes no saben guardar un secret.

Alguns companys i companyes només hi són en els bons moments.

Alguns companys i companyes no m'expliquen la veritat.

Alguns companys i companyes només miren per ells i elles.

Escriu, en una frase, alguna altra situació que hagis viscut i no es contempla amb les que et presentem.

....

Si vols, pots explicar alguna de les situacions que has apuntat anteriorment:

....

....

Una qualitat

Objectiu

- Saber trobar una qualitat de cada companya i company de la classe.

Desenvolupament

Donar a cada alumne o alumna una llista on figuri el nom de tots els companys i les companyes de la classe.

Es tracta que cadascú, individualment, escrigui al costat de cada nom una qualitat d'aquella persona.

Un cop tothom hagin acabat d'escriure, la tutora o el tutor recull els papers i els llegeix en veu alta. Convé assegurar-se que tot el que s'escrigui estigui en positiu.

Material

- Còpia de la llista de l'alumnat de la classe.

Avaluació

- Valorar el grau de seriositat de les respostes.

Suggeriments

Proposar que un grupet de la classe talli tants trossos de paper com alumnes hi hagi i escriguin en cada un les qualitats que hagin anat sortint de cada persona. Es tracta que cadascú pugui guardar un full amb totes les qualitats que els companys i les companyes consideren que té.

Busquem un adjectiu

Objectius

- Aconseguir que cada noi i noia sigui capaç de trobar un adjectiu que el defineixi.
- Adquirir una petita pista de la manera de ser dels altres.
- Memoritzar el nom i l'adjectiu de tots els companys i les companyes de la classe.

Desenvolupament

Primer de tot, entre tots els membres de la classe es busquen adjectius sense cap finalitat concreta. Un cop tots els nois i les noies tinguin clar què és un adjectiu, ens posem tots en rotllana i cadascú diu el seu nom amb un adjectiu que el defineixi. Es tracta de repetir el nom i l'adjectiu de les companyes i els companys ordenadament, per exemple:

- Maria simpàtica,
- Maria simpàtica, Pere introvertit,
- Maria simpàtica, Pere introvertit, Pol rondinaire, etc.

Avaluació

- Valorar la relació que hi ha entre els adjectius que diuen i la seva manera de ser. També la capacitat de retenir tots els noms amb el seu adjectiu.

- Seria convenient fer una autoreflexió conjunta sobre com ha anat la tècnica.

Suggeriments

Seria aconsellable aplicar la tècnica a l'àrea de llengua.

T'agrada

Objectius

- Autoreflexionar.
- Conèixer les preferències dels companys i les companyes de la classe.

Desenvolupament

En un primer moment es pregunta a les noies i els nois què els agradaria saber dels companys i les companyes. Es poden donar alguns exemples: qualitats que pensen que tenen, aspectes importants en la seva vida, àrees que els agraden, esports preferits, programes de televisió que veuen, etc.

Entre tothom es fa una llista de sis o set coses. Es dóna a cadascú un tros de paper i cadascú va contestant les preguntes decidides entre tota la classe.

A continuació es va llegint pregunta per pregunta i cadascú diu el que ha posat. (Als nois i noies els fa gràcia veure que altres companys i companyes han contestat el mateix que ells.)

Material

- Paper i llapis.

Avaluació

- Valorar l'actitud i l'interès en proposar preguntes i en respondre-les.

Suggeriments

És interessant fer un quadre de doble entrada i recollir les respostes donades per l'alumnat. Això ens permet comentar les dades i aprofundir en els resultats. En el quadre vintè s'inclou en exemple.

Quadre 20. Exemple de l'activitat. *(T'agrada)*

Noms	Qualitats			Televisió			Àrees			Esports				Excursions			
	Estudiós	Ordenat	Salut	Bola de Drac	Notícies	Altres	Català	Mates	Educació física	Bàsquet	Futbol	Natació	Altres	A peu	Amb cotxe	Amb vaixell	Amb avió
Sara		X		X				X				X			X		
Pere	X				X		X				X			X			
Rosa		X				X	X						X			X	

El meu lleure

Objectiu

- Encoratjar els alumnes i les alumnes a omplir el seu temps de lleure organitzant activitats plegats.

Desenvolupament

Es reparteix a cada noi o noia un full (quadre 21) on pugui reflexionar sobre el temps que dedica a relacionar-se amb els companys i els amics de fora de l'escola i a la vegada pugui pensar amb altres activitats que podrien realitzar plegats. (Aquesta activitat ha sorgit fruit de la nostra experiència escolar, ja que molts nois i noies dels nostres centres no acostumen a comunicar-se amb altres nois i noies de la seva edat fora de l'àmbit docent.)

Un segon pas seria fer grups de tres o quatre persones per tal que entre elles puguin conèixer les activitats que realitzen els seus companys i companyes, quines els agradaria portar a terme i quina estratègia suggereixen per dur alguna de les activitats a la pràctica.

Possible guió perquè el segueixi cada grup:

- Llegir les activitats que cadascú porta a terme amb altres companyes i companys de fora de l'escola. Treure'n conclusions.
- Llegir quines activitats agradaria realitzar a cadascú. Comprovar-ne coincidències.
- Escollir una o dues activitats per portar a la pràctica.
- Buscar un pla d'acció.

Un tercer pas seria posar-ho en comú davant el grup classe. Un representant de cada grup exposarà les idees del seu equip i la tutora o el tutor anirà apuntant a la pissarra les activitats que han decidit intentar posar en pràctica. Entre tots es buscarà concretar un pla d'acció.

Material

- Fotocòpies del model (quadre 21).

Quadre 21. Full de l'alumnat *(El meu lleure)*

NOM:...

DATA:............................. CURS: ....

1. Escriu tres activitats que realitzis amb companys i/o amics fora de l'horari escolar.

....

....

2. Escriu alguna activitat que t'agradaria portar a terme amb els teus amics i amigues en el teu temps de lleure.

....

....

Avaluació

- Valorar l'actitud, la participació, les estratègies d'acció per part dels alumnes i la posada en pràctica dels acords.
- Cal observar com s'organitza cada grup: secretari, moderador, etc.

Suggeriments

Mentre les noies i els nois treballen, és convenient que la tutora o el tutor vagi passant pels grups per tal d'observar si convé que hi intervingui.

També es recomana que al cap d'una setmana es torni a incidir en els acords que es prenguin per tal d'observar si s'han portat a terme.

L'amistat

Objectius

- Reflexionar sobre els comportaments que hi ha al darrera de tota gran amistat.
- Arribar a uns acords de grup.
- Participar tots els membres.

Desenvolupament

Es tracta de dividir-nos per grups. En cada grup hi haurà una secretària o un secretari que anirà prenent notes de les idees clau que vagin sorgint dels membres del grup i una moderadora o un moderador que donarà torns de paraula i vetllarà perquè tothom participi en l'activitat.

La consigna que es donarà pot ser: Parlar de l'amistat. Amics i amigues. Necessitat, importància. Experiències. Quins són els comportaments que porten a mantenir una amistat?

Es donarà el temps necessari per tal que cada grup pugui reflexionar, compartir opinions i arribar a unes idees de grup sobre l'amistat. Un cop acabada la reflexió conjunta, cada secretari exposarà els punts acordats a nivell de grup i s'obrirà un torn de paraules per tal d'aprofundir-hi més. El tutor o la tutora farà de moderador. Seria interessant arribar a uns acords de gran grup i buscar un pla per portar a la pràctica (compromís).

Avaluació

- Valorar la participació i el contingut dels acords dels grups.

Suggeriments

Mentre els grups estan treballant, és convenient que el tutor o la tutora es passegi per la classe intervenint en les reflexions quan ho consideri oportú.

Aquesta activitat podria realitzar-se a l'àrea de llengua (expressió oral).

Rotllana

Objectiu

- Afavorir a conèixer les qualitats dels companys i les companyes.

Desenvolupament

Posar-se en rotllana. Un alumne o una alumna sortirà fora de la classe. Mentre, els que estiguin en rotllana pensaran en un company o una companya dels que hi hagi a la classe. Aquest entrarà al senyal del mestre o de la mestra i se li dirà que ha d'anar fent preguntes a cada noi o noia que hi hagi a la rotllana i que les respostes es diran pensant en un company o una companya de la classe que ha d'endevinar.

Les preguntes poden ser semblants a les següents:

- Quin... (menjar, instrument, pintura) li atribueixes?
- Preferiria viure al camp o a la platja?
- Li atribueixes un pis o una casa...

Un cop l'alumne que fa les preguntes endevini de quin company o companya es tracta, la persona a qui se li atribuïen les característiques pot preguntar el perquè d'algunes de les respostes. Per exemple: Pep, per què m'has atribuït d'instrument la viola?

Variant: La persona que surt a fora fa la mateixa pregunta a tothom: Amb quina flor la/el relacionaries?

Avaluació

- Valorar la seriositat i la qualitat de les respostes.

Suggeriments

És convenient recordar a l'alumnat que totes les persones tenim qualitats, només cal posar-hi atenció i pensar en positiu envers aquella persona. Per tant, cal aconsellar als nois i les noies que les respostes siguin fruit d'aquesta reflexió.

Qui és qui?

Objectius

- Reconèixer els diferents trets que determinen una personalitat.
- Millorar la relació interpersonal.

Desenvolupament

El mestre o la mestra lliura a cada grup (un grup petit , màxim de quatre o cinc alumnes), una llista d'adjectius (quadre 22) i els noms de dos companys i/o companyes. El grup ha de definir els dos companys i/o companyes de la classe per mitjà de sis adjectius.

Una vegada hagin acabat d'omplir la fitxa se li entrega al tutor o a la tutora. Abans que l'educador o l'educadora. Llegeixi en veu alta els adjectius, sense dir el nom de a qui correspon perquè la resta de companyes i companys endevinin de qui es tracta, lliurarà a cada noi o noia el paper amb els adjectius que segons els companys i les companyes descriuen la seva manera de ser. L'implicat o implicada pot marcar amb un senyal vermell aquells adjectius que creu que defineixen la seva personalitat i amb un senyal blau aquells que, tot i que reconeix que formen part de la seva manera de ser, prefereix que el mestre o la mestra no els anomeni.

És molt important que el professor o la professora no llegeixi aquells adjectius on hi ha el senyal.

Material

- Fotocòpies del full model (quadre 22).

Avaluació

- Valorar l'actitud i la capacitat de buscar els adjectius que van més d'acord amb la persona destinatària.

Suggeriments

Ell o ella pot copsar el grau de coneixement que hi ha en el grup.

No tots els grups estan preparats per dur a terme aquesta activitat, cal que abans l'ensenyant s'asseguri que els nois i les noies tenen clar que cal créixer amb aquesta activitat i no ferir les companyes i els companys. S'ha de ser al màxim d'objectiu possible.

Després de dur-se a terme l'activitat, si el tutor o la tutora ho creu oportú, es pot parlar individualment amb algun alumne per tal d'aclarir alguns aspectes. Cal tenir molt clar que des dels centres s'han de remarcar els aspectes positius de l'alumnat, especialment d'aquells nois i noies l'autoestima dels quals acostuma a ser baixa.

Aquesta activitat podria realitzar-se a l'àrea de llengua.

Quadre 22. Full de l'alumnat *(Qui és qui?)*

NOM DELS MEMBRES DEL GRUP:

....

....

DATA: .... CURS: ....

Tenint en compte els adjectius que hi ha a continuació, busqueu aquells que descriuen la manera de ser de les companyes i els companys assignats. Penseu-ho molt abans de contestar.

Llista d'adjectius:

Reservat/Comunicatiu	Tímid/Decidit	Despreocupat/Responsable
Calmós/Excitable	Ferm/Vulnerable	Introvertit/Extrovertit
Optimista/Pessimista	Segur/Cagadubtes	Dòcil/Dominant
Dependent/Independent	Sensible/Dur	Estable/Inestable
Sobri/Entusiasta	Sociable/Autosuficient	Patidor/Panxacontent
Tranquil/Nerviós		

Nom dels companys/es a descriure

....

Adjectius:

....

....

....

La màscara

Aquesta activitat, explicada anteriorment (pàgina 42), es pot utilitzar també en aquest apartat.

Afavorir la confiança

Jocs

La gallineta cega

Objectiu

- Facilitar la comunicació i la confiança entre els membres del grup.

Desenvolupament

Amb un mocador cada infant es tapa els ulls. Tots van caminant intentant trobar-se entre ells. Quan algú troba una companya o un company l'atura i amb el tacte ha d'endevinar de qui es tracta.

Material

- Un mocador per a cada infant, prou gros per tapar-se els ulls.

Avaluació

- Valorar l'actitud i la participació.

Suggeriments

Un cop hagin acabat de jugar seria interessant asseure's en rotllana i comentar com ha anat la sessió de joc. Com s'han sentit.

El corrent

Objectiu

- Afavorir la relació del grup mitjançant jocs grupals que tinguin cert contacte corporal.

Desenvolupament

Ens posem tothom en rotllana agafats de les mans i una mica separats.

Es tracta d'anar-se passant el corrent estrenyent la mà. Un voluntari o una voluntària surt a fora de la classe i mentre es decideix qui dels membres participants asseguts a la rotllana té el corrent. Aquest, quan li arribi, ha de picar l'ullet. El noi o la noia que és a fora en entrar ha d'endevinar qui té el corrent i un cop n'estigui segur ha d'asseure's al darrera d'aquest infant.

Avaluació

- Valorar l'actitud de l'alumnat.

Arrencar cebes

Objectiu

- Afavorir les relacions personals a partir del contacte físic.

Desenvolupament

Un nen o una nena recolza l'esquena en una paret amb les cames obertes. Al seu davant es van asseient els seus companys i companyes amb la mateixa posició. S'agafen tots, d'un en un, amb força per la cintura. Un nen o una nena, dret, agafa les mans del primer de la fila i intenta arrencar-lo dels seus companys i companyes.

Quan ho aconsegueix la nena o el nen arrencat es posa al darrera del que l'ha desenganxat dels companys i les companyes, se li enganxa a la cintura i l'ajuda a estirar els altres.

Avaluació

- Valorar la participació de tots els nens i nenes.

Nusos

Objectiu

- Afavorir la confiança de l'alumnat mitjançant el joc.

Desenvolupament

Els nens i les nenes s'agafen de les mans i formen una fila menys un o una que se'n va. Aleshores, el primer infant comença a passar per entremig dels companys i les companyes fins que queden tots embolicats, sense que en cap moment s'hagin de desfer de les mans. El nen o la nena que és fora ha de desembolicar els altres infants sense trencar la cadena.

Avaluació

- Valorar el fet que tothom participi en un mateix afer, sense que cap persona se senti fora del grup. Cal observar si tots els nens i les nenes s'ho passen bé.

Suggeriments al voltant dels jocs

- Qualsevol altre joc de la nostra infantesa podria servir per afavorir la confiança.
- Aquestes activitats podrien realitzar-se a l'àrea d'educació física.

La muntanyeta

Objectiu

- Afavorir la relació i l'acceptació dels membres del grup i contribuir a la desinhibició física i psicològica a partir d'una dansa.

Desenvolupament

Abans de començar, el mestre o la mestra explica el desenvolupament de la dansa.

Ens agafem de les mans, en renglera, per parelles i amb les mans alçades. El cap de la renglera fa servir la serp, saltant i desplaçant-se al so de la música.

L'infant que guia per tombar ha de respectar els finals de frases: fa cargols, passa per ponts, frega la gent, etc.

Quan para la música se separen per parelles i un dels dos membres fa fer una volta per sota del seu braç al company o la companya i l'enfila enlaire aguantant-lo com més estona millor.

Material

Cal disposar de la lletra i la música de la cançó per tal d'aprendre-la de memòria (quadre 23). Seria interessant disposar del casset, disc o compacte on es troba enregistrada la cançó.

Avaluació

- Valorar el fet que cap escolar no tingui dificultat per trobar parella ni per comunicar-s'hi, com també l'actitud general en el procés de desenvolupament de l'activitat.

Quadre 23. Cançó *La muntanyeta*

Aquí dalt de la muntanya,
tot el bé de Déu hi tinc
les roses, de quatre en quatre;
els clavells de cinc en cinc.

Algun dia jo em pensava
que tot el món era pla,
i ara vinc a reconèixer
que algunes costes hi ha.

Aquí dalt de la muntanya
no sé què me'n faran fer,
si em faran ratllar formatge
o picar sal al morter.

Aquí dalt de la muntanya
n'hi havia un pi florit,
on el rossinyol hi canta
al bell punt de mitjanit.

Aquí dalt de la muntanya
ballaven uns homenets
que els hi han caigut les calces
i han quedat amb calçotets.

Allí dalt de la muntanya
una casa jo n'hi tinc,
mireu si en serà espaiosa
que encara no hi cap un grill.

SAC DE DANSES (1988): *Danses i jocs dansats.* Barcelona. Sac de danses.

Suggeriments

Abans d'aprendre la dansa, seria interessant fer-ne una audició i intentar que els infants se n'aprenguin la lletra.

Un bon mètode per treballar la confiança és servir-se de les danses. Unes altres d'aconsellables podrien ser: *El ball de la civada, Els esclops d'en Pau, El patatuf*, etc.

Aquesta activitat podria realitzar-se a l'àrea de música o d'educació física.

Seguim la música

Objectiu

- Augmentar la confiança entre els membres del grup a partir de la música i del contacte físic.

Desenvolupament

Es retiren les taules i les cadires i tots els nens i nenes es posen en rotllana. S'agafen les mans i el mestre o la mestra demana que es relaxin, que intentin no pensar en res i tanquin els ulls.

Llavors els explica que sentiran una música, que l'han d'escoltar amb molta atenció, sense moure's. Al cap d'uns segons amb una veu pausada i dolça l'ensenyant els convida a aixecar-se i que cadascú individualment es deixi portar al ritme de la música. Els recorda que és molt important que no obrin els ulls (si hi ha algú que li costa concentrar-se se li demana que s'aparti una estona de l'activitat i que quan se senti amb disposició de continuar s'afegeixi al grup). D'acord amb la música, el tutor o la tutora anirà suggerint una sèrie de pautes que caldrà seguir:

> Imagina't que ets un ocell, et sents molt lliure i molt feliç i vols compartir la teva alegria amb els teus companys i companyes. Intenta, palpant, tocar-ne algun i junts continueu al ritme de la música

Quan la mestra o el mestre observi que els costa mantenir-se amb els ulls tancats, els dirà que quan sentin que algú els toqui el cap podran asseure's i obrir els ulls a poc a poc. A partir de llavors, el tutor o la tutora anirà passant escolar per escolar i farà l'acció abans esmentada.

Tot seguit insistirà en què segueixin escoltant la música. L'ensenyant ajudarà a aixecar-se a una parella (si hi ha algú que està sol o sola el mestre o la mestra s'hi unirà). Canviarà el ritme de la música i animarà tothom perquè es posi a ballar imitant els dos companys i/o companyes (és possible que la parella es tracti de la tutora o el tutor i un escolar). Suggereix que els grups es facin més grans i tothom balli amb tothom.

Quan sembli oportú, es para la música, tothom s'asseu en rotllana i es reflexiona sobre el que ha passat. Com s'han sentit, si tothom ha ballat amb algú. Si els ha costat més trobar parella quan estaven amb els ulls oberts o tancats. Per què?, etc. Es tracta que tothom hi intervingui.

Material

- Música diversa, pausada o moguda segons el grup, el moment i les intencions.

Avaluació

- Valorar l'actitud, el desenvolupament de la sessió. Fóra interessant que tots els nois i les noies s'haguessin ajuntat amb algun company o companya. Si no fos el cas, cal observar les persones que s'han quedat soles, pensar un possible perquè i estudiar com es podrien ajudar en una altra ocasió.
- Cal valorar, també, l'estona de reflexió: interès i intervencions.

Suggeriments

Segons el grup, si es creu oportú, es poden tapar els ulls amb un fulard.
Aquesta activitat podria realitzar-se a l'àrea de música.

Pintem

Aquesta activitat explicada anteriorment (pàgina 31), també es pot utilitzar en aquest apartat.

El regal

Objectiu

- Expressar mímicament el seu sentiment vers el company o la companya tenint en compte que s'arriba al final.

Desenvolupament

Tots els infants seuran en rotllana. Cadascú donarà a la companya o al company que tingui a la seva dreta un regal amb mímica. Al final, si algú no ho ha endevinat, es pot dir què s'ha regalat.

Avaluació

- Valorar positivament les actituds, els regals amb significat gratificador, plens de sentiment, dolçor, etc.

Suggeriments

Aquesta tècnica es podria fer com a resultat de qualsevol sessió, en el moment que es cregués oportú.

Relació

Objectiu

- Reflexionar sobre les qualitats necessàries a l'hora d'establir una bona relació amb les altres persones.

Desenvolupament

Entre tots fer una llista a la pissarra de característiques, aspectes que influencien a l'hora d'establir una bona relació amb les altres persones.

Com a exemple orientatiu alguns podrien ser: generositat, paciència, humor, flexibilitat, sensibilitat, bona aparença, honestedat, disponibilitat, confiança, acceptació, lleialtat, etc..

Tot seguit es buscaran els tres o quatre aspectes que es considerin més importants i es posaran per ordre de preferència. Es donarà un temps perquè cada noia o noi pugui reflexionar amb quin grau té aquestes tres o quatre característiques i entre tots es buscaran estratègies per poder-les desenvolupar.

Material

- Pissarra i guix.

Avaluació

- Valorar la participació de l'alumnat, l'actitud i el contingut de les intervencions.

Suggeriments

Cal que la tutora o el tutor actuï com un membre més del grup, tot i que, segons els seus components, hi haurà d'intervenir molt més donant exemples i indicant estratègies puntuals.

El mirall de l'amistat (I)

Objectiu

- Ajudar el company o la companya a sentir-se una mica més feliç.

Desenvolupament

En un plafó que hi haurà penjat a la paret s'hi enganxaran uns cartronets en cada un dels quals s'escriuran diferents característiques dirigides a afavorir l'amistat, les quals seran acordades entre tots els membres del grup. Per exemple: simpatia, amabilitat, etc.

El tutor o la tutora repartirà a cada escolar un paper on hi haurà apuntat el nom d'un company o una companya. Tenint en compte les característiques que hi haurà al «Mirall de l'amistat», cadascú pensarà com pot ajudar la companya o el company que li ha tocat, per exemple: dirigint-s'hi amablement, preocupant-se de com li van les coses, convidant-lo a casa seva a jugar, intentant que no se senti sol, explicant-li allò que no entén, etc. Ningú no dirà quin company o companya li ha tocat.

Al cap d'una setmana cadascú dirà quin noi o noia de la classe creu que s'ha preocupat per ell o per ella. El tutor o la tutora farà de moderador i preguntarà:

- Com us heu sentit ajudant i sent ajudats?
- Creieu que val la pena ser amables amb les companyes i els companys?, per què?, etc.

Material

- Ampliar el model que figura en el quadre vint-i-quatre de manera que quedi a una mida aproximada de 100 cm x 60 cm. Serà aconsellable enganxar-hi al darrera una cartolina o un cartró i folrar-ho amb plàstic adhesiu.
- Tires de cartolina on s'escriuran els acords a què arribin els nois i les noies.

Quadre 24. Retallable *(El mirall de l'amistat I)*

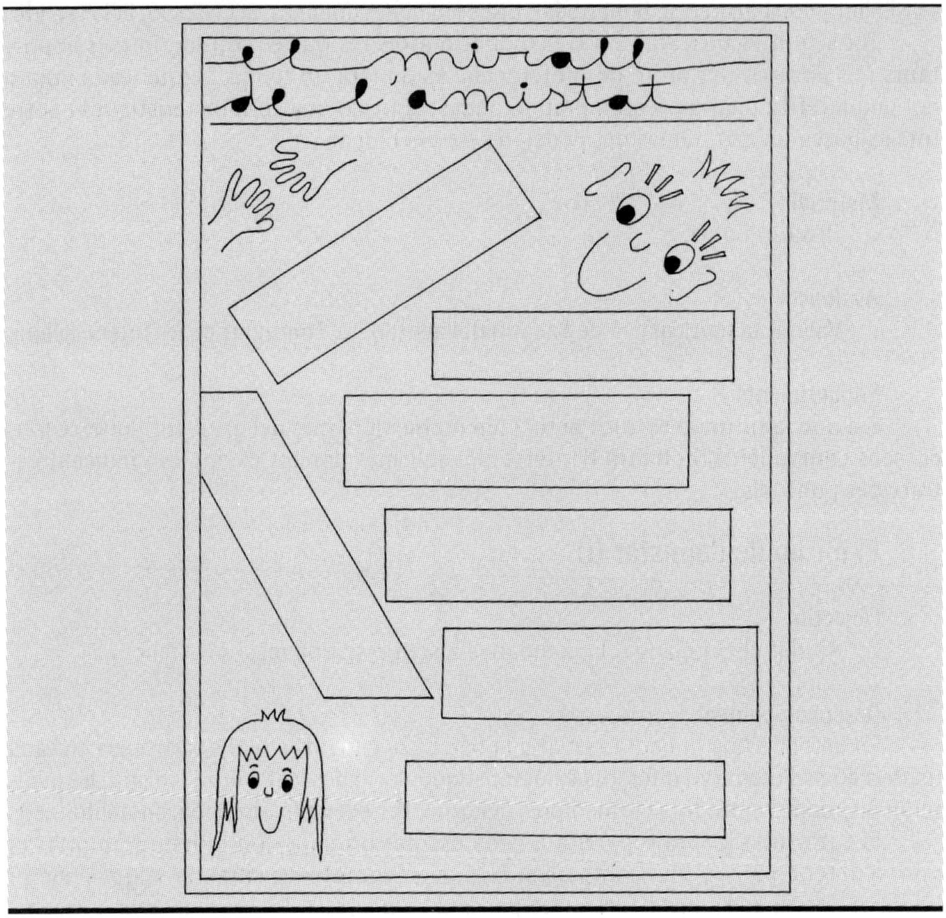

- Plastilina adhesiva. Ens servirà per enganxar els cartronets al plafó.
- Trossets de paper amb el nom de cada noia o noi.

Avaluació

- Valorar la participació i l'actitud de l'alumnat.

Les estàtues

Objectiu

- Afavorir l'augment de confiança entre els membres del grup.

Desenvolupament

Ens posem tothom en rotllana. Es demanen sis voluntaris i se'ls fa allunyar de la resta de companys i companyes.

Als que es queden se'ls comunica el desenvolupament de l'activitat i es demana silenci.

Es criden dos alumnes i se'ls diu que s'imaginin que es troben a casa d'un escultor que està fent per encàrrec una figura amb dos/dues joves. Així doncs, se'ls diu que ells són aquests joves i que s'han de posar de tal manera que semblin una escultura.

Tot seguit es crida un altre dels alumnes i se li diu que es troba a casa d'un escultor i que ell representa aquest artista. Al seu davant té una parella de joves que està esculpint per encàrrec, però a la persona que va dirigida l'obra no li acaba d'agradar com queda, comenta que és freda i poc sensible i se li demana que la modifiqui.

L'alumne/a col·locarà la parella que té al davant com li sembli i un cop comuniqui que ja ha acabat se li diu que es posi al lloc d'un dels dos.

Tot seguit s'aniran cridant els altres voluntaris i les voluntàries i se seguirà el mateix procediment.

Avaluació

- Valorar sobretot l'actitud dels nois i les noies. Un cop s'hagi acabat l'activitat és interessant parlar de com ha anat, centrant-se especialment en com s'han sentit, cadascú des del seu lloc.

Suggeriments

És recomanable esperar que es doni l'ambient propici per portar a terme aquesta activitat. En algunes ocasions s'ha aprofitat algun vespre de colònies.

Aquesta activitat s'ha utilitzat en algunes vetllades de colònies. També es podria realitzar a l'àrea d'educació física.

Joc de paraules

Objectiu

- Comunicar als companys i companyes vivències i experiències personals.

Desenvolupament

Es fan grups de tres o quatre persones.

A cada grup se li entrega un full amb les paraules següents: equilibris, utilitzar, acomodar-se, esquena, aïllar-nos, actuar, incomunicar-nos, embolicar, avançar, dividir, tancar, obrir, separar, prohibir, atacar, unir, crear, destruir, construir, sostenir, compartir.

Es tracta que les classifiquin de la manera que els sembli més apropiada, poden ampliar-les o modificar-les segons els convingui.

A continuació, per grups cadascú escollirà algunes de les paraules i explicarà a les companyes i companys del grup alguna experiència en la qual ell o ella hagi actuat de manera semblant al del significat de les paraules escollides.

Exemples d'algunes respostes donades per alumnes de dotze i tretze anys:

- Davant d'un problema m'hi poso d'esquena, no el vull veure, no actuo i m'ho passo molt malament.
- Em costa comunicar-me i m'aïllo, em tanco amb mi mateixa i m'ho passo malament.
- El meu pare i la meva mare es van separar i em sap molt de greu.
- Intento compartir les coses amb els meus amics i amigues, tot i que em costa.

Un cop transcorregut el temps necessari per tal que tothom hagi pogut obrir-se als companys i companyes, es demana si algú vol explicar cap experiència seva al gran grup. Cal esperar uns quants minuts per tal que algú es decideixi, a continuació en sortiran d'altres.

Segons les exposicions que es facin pot ser necessària alguna intervenció del tutor o d'algun altre membre de la classe. S'hi pot incidir dient:

- Algú vol dir alguna cosa al respecte?
- A algú més li ha passat alguna cosa semblant?
- Com et vas sentir?
- Què vas fer?
- Algú et va ajudar?
- Esperaves que t'ajudessin?
- Què faries ara?
- Quin consell donaries a algú que es trobés en la mateixa situació que tu?

És convenient preguntar si hi ha alguna persona que en els petits grups no s'hagi vist amb cor d'intervenir. Es pot preguntar el perquè, si ara vol dir alguna cosa, etc.

Material

- Diferents fulls amb les paraules escrites. Tants papers com grups.

Avaluació

- Valorar l'actitud dels nois i les noies, tant en el petit grup com en el gran grup. Fixar-se en les seves intervencions, la participació i la confiança amb els companys i les companyes de la classe.

Suggeriments

És convenient que el tutor o la tutora estigui atent al funcionament dels petits grups per si és necessari que hi intervingui.

Aquesta activitat podria realitzar-se a l'àrea de llengua.

Parelles[1]

Objectiu

Contribuir a facilitar la confiança i la comunicació entre el grup.

1. Adaptació del llibre de M.J. Urruzola (1991). *¿Es posible coeducar en la actual escuela mixta?* Bilbao. Maite Canal.

Desenvolupament

Tots els nois i les noies es col·loquen per parelles. Durant dos minuts es miren en silenci. Un cop passat el temps se'ls convida a què es comuniquin el que han sentit durant aquest temps.

S'animarà per tal que algú expressi a la resta del grup el que ha sentit.

Avaluació

- Valorar l'actitud de l'alumnat, el desenvolupament de la sessió i les intervencions orals, tant a la parella com al grup classe.

Suggeriments

No sempre hi ha persones voluntàries per comunicar al grup com s'han sentit. No és convenient forçar perquè surtin.

Afavorir la comunicació

A les aules hi ha un intercanvi constant de comunicacions.

El grup classe constitueix un dels marcs on els nois i les noies fan una experiència significativa de la comunicació amb els altres, [...] El grup arriba a poder considerar-se com a tal per la comunicació. P. Darder (1980).

En el grup és permès ser protagonista, però alhora també estar a l'expectativa, ser receptor; hem de vetllar perquè cada alumne trobi el seu temps de comunicació. Malgrat tot, hi ha nois i noies que la majoria de vegades adopten aquesta actitud d'espectadors perquè necessiten més temps, i això cal respectar-ho. No fóra bo incitar-los, ja que el desig de comunicar-se ha de néixer d'ells mateixos.

Hem de tenir present que l'estil o classe de comunicació entre els membres del grup és un índex del grau de cohesió del grup.

Un grup amb un alt grau de cohesió és necessàriament un grup en el qual el nivell de comunicació és alt.

En el grup classe el mestre o la mestra hauria de treballar tota mena de comunicació: la verbal, el diàleg com a procediment; la no verbal, el gest com a expressió de pensaments, sentiments.

De vegades els mestres ens oblidem de detalls importants, volem ser eficaços i això ens porta a oblidar la discussió dels temes i donem moltes coses per fetes, podem arribar a convertir el silenci en fi. I així, quan a les sessions de tutoria es demana opinió, les noies i els nois no responen com esperem, no hi estan acostumats; a nivell d'aula és important que aprenguin a dialogar, dialogant.

El desenvolupament d'aquelles habilitats que milloren les situacions dialògiques són un mitjà per establir una comunicació oberta, respectuosa amb les altres persones, alhora és un instrument de regulació i planificació de la pròpia conducta.

Cal, doncs, començar a treballar aspectes com, per exemple: saber esperar el torn de paraula, saber escoltar, saber expressar-se. Que se n'adonin de les dificultats que comporta, del que costa fer-ho correctament i eficaçment.

Convé recordar que és tot el cos qui es comunica. Un grup que no es veu perquè l'únic angle de visió que té és el cap del de davant no és la millor fórmula per poder-se comunicar. En aquest sentit, detalls com la distribució de les taules són importants.

Hem de tenir present que la comunicació ens revela el nivell de cohesió o disgregació d'un grup. Es pot parlar de *climes defensius* quan les comunicacions entre els membres són difícils i hi predominen les actituds defensives i agressives; de *climes de control* quan les actituds que sobresurten en l'alumnat són el conformisme i la passivitat, i de *climes d'acceptació*, en els quals les comunicacions flueixen de manera més espontània, s'accepten tots els membres amb la seva peculiar manera de ser i es valoren les aportacions de cadascú en el treball del conjunt.

Entre les estratègies per afavorir la comunicació en el grup classe, en destaquem les següents.

Assemblea de classe

És una de les tècniques més utilitzades en la tutoria, facilita l'ús i el perfeccionament de les regles dialògiques.

El grup es reuneix per tractar algun tema o afer que li interessa o l'afecta.

L'assemblea és per fer ús de la paraula, per dialogar, i ha de disposar d'un temps normalment previst.

És evident que la realització de l'assemblea implica per part de la tutora o del tutor, entre d'altres aspectes, una preparació prèvia i la valoració dels resultats.

Debats

Discussió vers un tema polèmic en què participa tot el grup classe. El mestre o la mestra el pot organitzar de diferents maneres, la funció principal del docent és la de moderador.

Recomanem, si és possible, col·locar l'alumnat en rotllana, ja que afavoreix la participació. La disposició de les taules i seients influeix molt en la qualitat de les interaccions de l'alumnat en el grup classe.

És una tècnica que facilita a l'alumnat aprendre a expressar les seves opinions alhora que fomenta el respecte per les opinions dels altres, propiciant un clima de participació i autocontrol en l'aula.

Als preadolescents els agrada molt poder discutir temes d'actualitat o d'interès.

Role-playing

És una dramatització on intervenen dos alumnes o més i cadascú assumeix un rol diferent en relació amb una situació o problema concret.

Facilita l'empatia, la capacitat de posar-se en un punt de vista diferent del seu.

Desenvolupa les possibilitats expressives de l'alumnat (verbals, mímiques).

Discussió en grup de dilemes morals

Es parteix de la teoria de Lawrence Kolhberg sobre el desenvolupament del criteri moral. Segons aquesta teoria, la capacitat de raonament vers temes de caire conflictiu passa per uns estadis que estan relacionats amb el desenvolupament cognitiu de l'escolar i el grau d'abstracció que és capaç de fer.

Acostumen a ser diàlegs molt apassionats, permeten a l'alumnat desenvolupar un criteri propi al mateix temps que li permeten ser flexible pel que respecta a aquest, ja que observa que hi ha una varietat de criteris davant els mateixos fets. És important que el tutor o la tutora no faci cap judici de valor que orienti la discussió, no hi ha respostes correctes o incorrectes, l'èmfasi s'ha de posar més en com pensen que no pas a dir-los com han de pensar.

Permeten que l'alumnat faci una reflexió dels seus propis valors.

L'anàlisi de casos

L'anàlisi de casos es fa a partir d'una situació real o fictícia aportada per l'ensenyant o l'alumnat.

És una tècnica que afavoreix el pensament crític de les noies i els nois, alhora que estimula la recerca de solucions ajudant-los a interpretar el seu context sociocultural.

Presa de decisions per consens

Es tracta d'afavorir la presa de decisions mitjançant un consens per arribar a una opció amb la qual tothom estigui d'acord.

Les idees, les experiències i les necessitats dels nois i les noies es tenen en consideració, totes les opinions són escoltades.

Vegem algunes activitats que afavoreixen la comunicació.

L'assemblea

Objectius

Dedicar un espai fixat dins l'horari de la classe per tal que l'alumnat:

- Pugui expressar les seves opinions, preocupacions, demanar informació, etc.
- Disposi d'un temps per ser escoltat i pugui fruir de la conversa.
- Pugui pactar unes normes de convivència i fer que la conversa esdevingui comunicativa.

Desenvolupament

A principi de curs es pactaran unes normes de convivència entre tots els membres (segons l'edat de l'alumnat la incidència del tutor o la tutora serà més o menys explícita).

Per tal de vetllar el compliment d'aquestes normes es marcarà la periocitat de les assemblees, i també es buscarà un secretari o una secretària i un moderador o una moderadora i es decidiran les seves funcions. Aquests, juntament amb la tutora o el tutor, prepararan l'ordre del dia de cada assemblea.

Durant el desenvolupament de l'assemblea caldrà vetllar perquè les noies i els nois respectin el torn de paraula, sàpiguen escoltar, etc.

Els acords que es prenguin poden ser apuntats pel tutor i/o secretari en una llibreta.

Avaluació

- Valorar el compliment de les normes de convivència i les intervencions de l'alumnat, especialment aquelles encaminades a ajudar els companys i les companyes i a col·laborar a crear un clima d'unitat.

Suggeriments

És recomanable que a l'hora de fer l'assemblea tots els nois i noies participants seguin en rotllana.

Es pot disposar d'una bústia on els nens i les nenes hi puguin posar algun suggeriment (a partir de segon de cicle inicial).

A partir de quart curs s'aconsella que hi hagi un observador o una observadora de l'assemblea que serà anomenat per la tutora o el tutor sense que els altres nois i noies ho sàpiguen. Aquest observarà com funciona l'assemblea, si hi ha nens i/o nenes que monopolitzen la paraula, si n'hi ha de passius, si el to i el vocabulari és l'adequat, etc.

Cinc minuts abans d'acabar, la persona que hagi fet d'observadora explicarà el que ha passat sense personalitzar-ho.

És convenient que la persona observadora no sempre sigui la mateixa. Si l'alumnat sap que hi ha algú que observi hi ha més interès a fer-ho bé.

Fem teatre

Objectiu

- Comunicar-se fent teatre.

Desenvolupament

El tutor o la tutora explica un conte i l'alumnat l'ha de representar. A continuació és interessant que es comenti per què els personatges actuen de determinada manera i si creuen que ells o elles en la mateixa situació haguessin fet el mateix.

Avaluació

- Valorar l'interès, l'esforç i les aptituds de representar el paper assignat.

Suggeriments

Pot fer-se una adaptació de l'activitat proposada dins l'apartat de resolució de conflictes anomenada: «Representem la situació».

Es podria aprofitar qualsevol situació conflictiva o no, que hagués passat entre els nens i les nenes de la classe. L'activitat consistiria a representar teatralment davant la resta de companyes i companys l'esdeveniment ocorregut. Seria interessant intercanviar els rols per tal de poder-se posar al lloc de l'altre company o companya.

El ball

Objectiu

- Comunicar-se mitjançant la música.

Desenvolupament

Ens posem en rotllana i el tutor o la tutora explica el desenvolupament de l'activitat, que consisteix a posar música i que les nenes i els nens es moguin per l'espai disponible deixant-se portar per la melodia.

A la classe distribuirem el material següent: globus, mocadors grossos i cintes de paper de color (cal tenir present que aquest material afavoreix la interrelació entre els infants).

Fóra bo que el tutor o la tutora iniciés el ball. Els infants ballen individualment, per parelles, i, si ho desitgen, poden utilitzar el material que està distribuït per la sala. Segons l'actitud dels infants la tutora o el tutor hi pot incidir fent alguns suggeriments.

Material

- Música de Vangelis.
- Globus, mocadors grossos, cintes de colors, etc.

Avaluació

- Valorar l'actitud dels nens i les nenes. Fóra interessant que tothom, en un moment, hagués dansat amb algun company o companya. Cal observar si tots els infants s'ho passen bé.

Suggeriments

Recomanem que la sessió de ball no sobrepassi els quinze o vint minuts.

Cal observar actituds com les d'aïllament, inhibició i agressivitat. És precisament davant d'actuacions com aquestes quan la intervenció del docent és fonamental, ja que pot incidir posant-se a ballar amb l'infant, tots dos anar a buscar algun altre company o companya per tal de dansar plegats, etc.

Aquesta activitat podria realitzar-se a l'àrea de música o d'educació física.

El paraigua observador

Objectius

- Observar, durant el temps estipulat, les actuacions del company o la companya que t'hagi tocat.
- Comunicar al company o la companya per escrit totes les observacions fetes.

Desenvolupament

L'educadora o l'educador comença explicant una història a l'alumnat:

> Hi havia una vegada un paraigua avorrit perquè no plovia mai. Un bon dia, com per art de màgia i després d'esforçar-s'hi molt, li van sortir uns petits ullets i unes orelles. Primer no veia quasi res i entenia poques coses, però de mica en mica els ulls i les orelles van anar creixent. Va arribar un moment que amb els seus ulls i les seves orelles podia observar i escoltar moltes coses que abans no havia ni imaginat.

A partir d'aquí el mestre o la mestra lliura a cada alumne o alumna un paperet on hi ha escrit el nom d'un company o una companya, els comunica que durant uns quants dies han d'imaginar-se que ells són el «paraigua observador» i, sense dir res a ningú, cadascú ha d'observar i escoltar durant dos o tres dies les actuacions del company o la companya que li hagi tocat. S'especifica que siguin especialment aquelles relacionades amb la comunicació, la relació amb els altres membres de la classe: intervencions que fa, si són de company a company, en petit grup, en gran grup, etc.

Cadascú ha d'anar apuntant en un full tot el que observi i en acabar el temps marcat es lliuraran totes les anotacions a la companya o al company.

És convenient fer un exemple, entre tots, a la pissarra.

Material

- Paperets amb el nom de cada infant.

Avaluació

- Valorar l'actitud i l'interès amb què l'alumnat porta a terme l'activitat, si augmenten les intervencions, de la manera que siguin, especialment d'aquells nois i noies que normalment no ho fan, etc.

Suggeriments

El fet que els nois i les noies sàpiguen que estan observats per un company o una companya influeix en què millori la seva actitud i augmentin les relacions entre ells, a la vegada que les seves intervencions davant el gran grup.

Aquesta activitat podria realitzar-se a l'àrea de llengua.

Racó de les cartes

Objectiu

- Oferir un espai a l'alumnat per tal de poder expressar els seus objectius als companys i companyes.

Desenvolupament

En un espai de la classe escriure un rètol que digui: Racó de les cartes. En un parell de taules a sota del rètol hi podem posar diferents capses amb folis. Cada capsa pot tenir un nom, per exemple:

Felicito...	M'agrada...
Aconsello...	Respecto...
Demano disculpes...	Admiro...

Seguint aquests encapçalaments l'alumnat pot escriure missatges positius als companys i companyes.

Material

- Cartolines, capses i folis.

Avaluació

- Valorar el fet que l'alumnat faci arribar als companys i a les companyes missatges positius.

Suggeriments

Per tal d'animar l'alumnat a escriure les cartes podem confegir un quadre de doble entrada on els nois i les noies es posin una creu després de fer arribar un missatge positiu a un company o a una companya.

A darrera de cada cadira podem enganxar amb cinta adhesiva un sobre per tal de facilitar l'arribada de les cartes.

És convenient que el tutor o la tutora vetlli perquè no hi hagi nens i nenes que mai no rebin cap missatge positiu.

Aquests pot fer-los arribar ell o ella o animar algun company o companya, discretament, perquè ho faci. Aquesta activitat podria realitzar-se a l'àrea de llengua.

Transformació de la informació[2]

Objectius

- Mostrar la facilitat amb què es transforma la informació.
- Sensibilitzar de la importància d'escoltar quan algú parla.

Desenvolupament

Cinc o sis alumnes surten de la classe i mentrestant el tutor o la tutora explica el funcionament de l'activitat amb els que es queden a dins. Entra un noi o una noia dels que són a fora i se li llegeix o se li explica una història. A continuació n'entra un altre i el primer explica oralment el que ha sentit. I així successivament fins que entra l'últim que ho explicarà a tota la classe. És convenient que un cop acabada l'activitat es reflexioni sobre el que ha passat. Cal que els nois i les noies s'adonin com la informació que arriba de segones o terceres persones s'ha de saber interpretar, ja que és molt fàcil que es retoqui i es falsegi. Es pot aprofitar per parlar d'alguna experiència real viscuda dins el grup classe. El conte s'escollirà segons l'edat dels nois i les noies. Al quadre vint-i-cinc se'n reprodueix un que pot servir per fer l'activitat.

Avaluació

- Valorar l'actitud i la capacitat de reflexionar sobre la facilitat de transformar la informació i, per tant, la necessitat de contrastar-la i saber-la interpretar.

Suggeriments

Un dels moments idonis per realitzar l'activitat seria quan dins el grup hagi sorgit algun malentès. Podria ser un de semblant al de: ...aquest m'ha dit que tu li havies comentat que...

Aquesta activitat podria realitzar-se a l'àrea de llengua.

---

2. Adaptació de la tècnica «El rumor» apareguda en el llibre: Brunet, J.J.; Negro, J.L. (1989). *Tutoría con adolescentes.* Madrid. San Pío X.

Quadre 25. Conte *(Transformació de la informació)*

L'AFER DE DAMASC

Doncs diu que una vegada, això succeïa a Damasc, la capital de Síria. Era en una plaça on hi havia una parada de botifarres amb ceba (imagineu-vos aquí, una parada d'hamburgueses).

Un àrab amb una gel·laba va aturar-se a la vora de la parada i va començar a olorar. Mmmm... Aquelles botifarres amb ceba feien una oloreta tan bona... I començà a ensumar, una vegada, dues vegades, tres vegades....

L'amo de la parada se li apropà i li digué:

-Mestre, em deveu dos dinars, la moneda del país.

El nostre àrab li respongué airat:

-Com? em voleu fer pagar dos dinars? On s'és vist això si jo només les he olorades.

Es varen barallar i al final digueren:

-Anem a veure un jutge i que ell hi digui la seva.

Se'n van anar a veure el jutge. I va resultar que el jutge era un home amb el cap molt clar i no pas un «sabata» com aquests que corren pel món.

El jutge escoltà ara l'un, ara l'altre, i al final digué al nostre àrab:

-Dóna'm dos dinars, si et plau.

Els agafà i els va fer dringar, els va fer sonar al damunt d'una taula «Clinc! Clinc!» S'adreçà a l'amo de la parada i li digué:

-Els has sentit?

-Oh i tant! -digué l'altre.

-Doncs ja els has cobrat.

(Conte popular adaptat per Xesco Boix)

Juguem amb les imatges

Objectiu

- Oferir un espai on les noies i els nois puguin expressar els seus sentiments a través d'una imatge per tal d'ajudar-los a comunicar-se i a transmetre allò que voldrien dir i que no sempre es pot expressar a partir de la paraula.

Desenvolupament

Tota imatge és polèmica. Davant d'una imatge a tothom se li poden acudir coses. La primera activitat consisteix a posar una imatge penjada a la classe durant un temps determinat. Tothom se la mirarà bé i pensarà en allò que li suggereix.

Després els nois i les noies es posaran en grups de tres i entre tots pensaran un títol per a la fotografia i explicaran davant del grup per què li han posat aquest títol i no un altre.

El tutor o la tutora posarà unes quantes fotografies (unes deu) de temes diversos, però majoritàriament de persones, en un lloc visible per a tot-hom. Cada noi i noia n'escollirà una des del seu lloc pensant amb quina s'identifica.

Després, quatre o cinc alumnes, d'un en un, poden sortir davant de la classe a explicar per què s'han identificat amb aquella imatge.

Material

- Fotografies de temes diversos.

Avaluació

- Valorar l'atenció i l'interès amb què es du a terme la sessió.
- Fixar-se en el contingut de les intervencions de l'alumnat.

Suggeriments

Seria convenient que el tutor o la tutora participés com un membre més del grup.

Aquesta activitat podria realitzar-se a l'àrea de llengua o de coneixement del medi social.

En cercle[3]

Objectiu

- Oferir un espai per comunicar-se amb els diferents membres del grup expressant els seus propis sentiments.

Desenvolupament

Ens posem en cercle asseguts a terra. Cada noi o noia haurà agafat tres objectes i els posarà al seu davant.

És important mantenir el silenci total. Es demanarà als nois i noies que mentalment intentin simbolitzar cada objecte en alguna cosa de la seva vida personal: amistat, futur, afecte, llibertat, etc.

Un cop hagin fet l'exercici, se'ls animarà a què expressin al grup el que significa per ells cada objecte. Per exemple: La goma simbolitza l'amistat, ja que necessito la de tots vosaltres per sentir-me millor amb mi mateix.

Material

- Cada alumne necessita tres objectes.

Avaluació

- Valorar les persones que hi han intervingut, el contingut de les intervencions i l'actitud de l'alumnat.

Suggeriments

Si ningú no s'atreveix a expressar al grup els seus sentiments, cal donar un temps de silenci. El tutor o la tutora pot fer algunes preguntes.

---

3. Adaptació del llibre de M. José URRUZOLA (1991). *¿Es possible coeducar en la actual escuela mixta?* Bilbao. Maite Canal.

- Com us sentiu?
- Alguns objectes simbolitzen coses tan íntimes que no podeu dir?
- Penseu que és difícil expressar els sentiments als companys i companyes?
- Considereu que hi ha prou confiança entre vosaltres? Per què?

Dictat de dibuixos[4]

Objectiu

- Conscienciar de la dificultat i la importància de la comunicació.

Desenvolupament

El tutor o la tutora es posa d'esquena a la classe i dicta un dibuix senzill de cinc o sis figures geomètriques. L'alumnat ha d'anar dibuixant i no pot preguntar absolutament res.

A continuació es dictarà un altre dibuix semblant al primer, però ara la tutora o el tutor es posarà de cara i els nois i les noies li podran preguntar tot el que vulguin.

Un cop acabat es comparen resultats i es demostra que si hi ha comunicació els resultats milloren. És interessant extrapolar el que ha passat en altres situacions reals.

Material

- Dos dibuixos de cinc o sis figures geomètriques semblants a l'exemple adjunt:

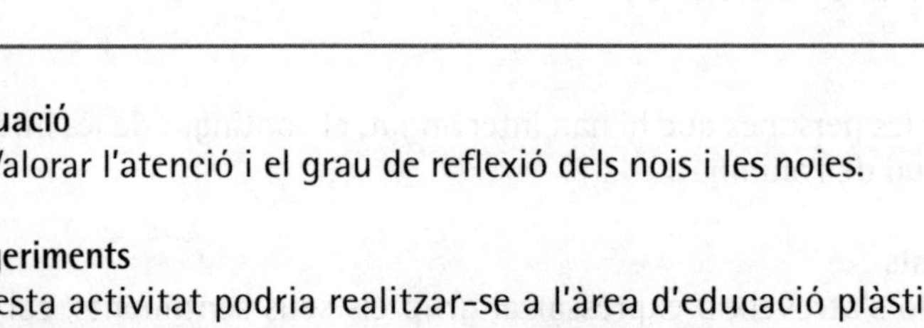

Avaluació

- Valorar l'atenció i el grau de reflexió dels nois i les noies.

Suggeriments

Aquesta activitat podria realitzar-se a l'àrea d'educació plàstica o, també, de matemàtiques.

4. Adaptació del llibre Brunet, J.J.; Negro, J.L. (1989). *Tutoría con adolescentes*. Madrid. San Pio X.

Escollim un tema

Objectiu

- Afavorir la participació de tots els membres ajudant-los a donar la seva opinió sobre un tema d'interès per a la majoria.

Desenvolupament

Es repartirà un full a cada alumne o alumna i aquest escriurà un tema que li interessi debatre amb els companys i les companyes. Es recolliran els fulls, s'aniran llegint i s'apuntarà el tema a la pissarra. El que hagi sortit repetit més vegades serà el que s'escollirà.

A continuació es faran grups de tres o quatre persones, entre elles escolliran un moderador i un secretari que anirà apuntant les idees que vagin sortint.

Es tracta que cadascú doni la seva opinió sobre el tema. Un cop els grups hagin acabat, cada secretari o secretària llegirà les conclusions del seu grup i s'obrirà un debat, moderat pel tutor o la tutora, per ampliar les opinions.

Quan es faci la posada en comú, un alumne o una alumna també anirà recollint les idees més rellevants per tal que després es puguin escriure en un paper d'embalar i penjar-les en una paret de la classe o passadís.

Material

- Un tros de paper per a cada noi o noia.

Avaluació

- Valorar l'actitud, la participació en el petit grup i en la posada en comú, el recull d'idees per part del secretari o la secretària, el paper de la moderadora o el moderador, la responsabilitat i la presa de decisions.

Suggeriments

El paper del tutor o la tutora hauria d'estar en un segon pla, tot i que cal que tingui els ulls ben oberts per quan sigui necessària la seva intervenció.

L'amistat/La gallineta cega/Parelles

Aquestes activitats, explicades anteriorment (pàgines 61, 64 i 72 respectivament), es poden utilitzar també en aquest apartat.

Dinamitzar el treball de/en grup

L'alumne, mitjançant la relació amb els altres companys i companyes, va afiançant el seu aprenentatge, ja que aprèn de les altres persones a través de la relació, l'observació, la imitació; en definitiva, de l'ajut que li donen.

La cooperació la podem definir com la situació en què els objectius del grup són homogenis. Un alumne o una alumna s'uneix més fàcilment al grup classe quan les activitats proposades li són atraients o li resulten gratificadores.

El treball cooperatiu és un dels factors més importants per aconseguir la cohesió del grup classe. És important que el tutor o la tutora plantegi activitats que requereixen la participació cooperativa de l'alumnat.

Un ensenyament basat en la cooperació ha de fomentar la vinculació entre els objectius dels participants. Els resultats que es busquen no són individuals i la millora d'un membre del grup repercuteix directament en el propi grup quant a estabilitat emocional i rendiment.

Com manifesta J. Rué (1989): «El veritable repte del treball en grup no està tant en les formes de control de la situació o en l'absència de conflictes interpersonals, sinó a trobar una forma d'oganització de les tasques i una configuració dels recursos que permetin a l'alumnat arribar a compromisos».

Sovint aconseguir un nivell de cooperació a la classe suposa un canvi en les normes. S'ha de premiar la col·laboració i no els èxits individuals.

L'actitud de l'educadora o de l'educador ha de:

- Proposar experiències d'aprenentatge en les quals el noi o la noia no pugui aconseguir la finalitat treballant sol.
- Implicar l'alumnat en els objectius de treball.
- Afavorir la conducta cooperadora i no la competitiva.
- Afavorir les actituds que porten el grup a crear un consens.
- Avaluar el treball del grup.

El treball cooperatiu ajuda a millorar el clima de classe, ja que genera un nombre més elevat de relacions interpersonals en el si del grup. Tothom sap que hi ha alumnes que per la seva disposició (aptituds, actituds, coneixements, etc.) vers la tasca que cal realitzar contribueixen més a la realització de la tasca i exerceixen més influència en les decisions del grup.

Les investigacions sociomètriques han demostrat que els grups classe més cohesionats mostren actituds més cooperatives que els no cohesionats.

Juguem

Objectiu

- Afavorir les relacions interpersonals a través del treball en grup.

Desenvolupament

Tots els nois i les noies estan drets en un espai ampli. El tutor els indica que formin grups de cinc o sis (s'ha d'intentar que ningú no es quedi desaparellat).

A continuació la tutora o el tutor anirà suggerint una colla de situacions que cada grup haurà d'organitzar-se per dur-les a terme.

Alguns exemples:

- Fer una cadena al més llarga possible amb la seva roba.
- Cantar una cançó plegats.
- Representar una escena en la qual hi ha d'haver tres trapezistes, un lleó, una domadora o un domador i la resta han de ser pallassos.
- Ballar tots en rotllana i donant-se les mans.

Avaluació

- Valorar la participació i el fet que ningú no se senti fora de joc.

Suggeriments

Cal dir a l'alumnat que totes les escenes que representi les ha de fer al més ràpidament possible.

Es podria aprofitar per fer aquesta activitat en una sortida o excursió.

El corrent

Objectiu

- Afavorir la relació del grup mitjançant jocs grupals que tinguin cert contacte corporal.

Desenvolupament

Ens posem tothom en rotllana agafats de les mans i una mica separats. Es tracta d'anar-se passant el corrent estrenyent la mà. Un voluntari o una voluntària surt a fora de la classe, i mentre es decideix qui dels membres participants asseguts a la rotllana té el corrent. Aquest, quan li arribi, ha de picar l'ullet. El noi o la noia que és a fora en entrar ha d'endevinar qui té el corrent i un cop n'estigui segur ha d'asseure's al darrera d'aquest infant.

Avaluació

- Valorar l'actitud de l'alumnat.

Fang i música

Objectiu

- Afavorir el treball en grup.

Desenvolupament

Repartim els infants per grups. Es posarà música molt suau per ajudar a relaxar l'alumnat.

El mestre o la mestra els diu que ha trobat un sobre molt gros damunt la taula dirigit a tots els infants de la classe. Fent expectació es llegeix el contingut de la carta. Aquesta diu que, com que tots els nens i nenes d'aquella classe són molt manetes, el Sr. Escult-Fang els anima a què facin una exposició amb obres realitzades per ells amb fang. També diu que a ell li va molt bé fer les seves obres artístiques en grup, ja que així són més riques i molt més boniques. A més a més, hi afegeix que no hi ha res com la música per ajudar els artistes a inspirar-se.

A partir d'aquí l'ensenyant anima els infants a realitzar l'activitat. Es posa música relaxant i es reparteixen per grups. Cada grup ha de construir una obra (objecte) entre tots els companys i les companyes de l'equip, intentant que tots participin i es mantingui el màxim silenci.

Un cop realitzades les obres es pot dur a terme una exposició per tal que la resta de companyes i companys de l'escola la puguin visitar. Aquesta pot dur-se a terme en un racó del passadís.

Material

- Carta.
- Fang.
- Música.

Avaluació

- Valorar la participació de tot l'alumnat i l'interès a realitzar l'activitat.

Suggeriments

Aquesta activitat podria realitzar-se a l'àrea d'educació plàstica.

Construïm un conte

Objectiu

- Elaborar un conte amb la participació de tots els membres del grup.

Desenvolupament

Es posen tots en rotllana. Un alumne o una alumna comença a explicar una història, quan l'educador o l'educadora diu prou continua el company o la companya que té a la dreta, i així successivament fins que tothom hagi col·laborat en la narració del conte.

Avaluació

- Valorar el fet que totes les noies i els nois siguin capaços de continuar la història iniciada pel seu company o la seva companya de l'esquerra.

Suggeriments

Es recomana gravar la sessió per tal que després els nens i les nenes es puguin escoltar.

Aquesta activitat podria realitzar-se a l'àrea de llengua.

Col·laborem

Objectiu

- Elaboració d'una novel·la amb la col·laboració de tots els companys i les companyes de la classe.

Desenvolupament

Cada alumne o alumna escriu un títol per a la novel·la que vulgui escriure. A continuació passa el full al noi o la noia que té a la dreta que escriu algunes línies sobre el tema que encapçala el paper i el plega de manera que només es vegi la darrera línia. Passa el paper a la companya o al company de la dreta que escriu enllaçant les seves paraules amb les últimes que hi ha al paper que li han passat. L'activitat continua fins que cadascú retroba el paper que havia començat.

Material

- Paper per a tothom.

Avaluació

- Valorar l'actitud i el contingut dels escrits.

Suggeriments

L'activitat es podria realitzar dins l'àrea de llengua, al mateix temps que es podria aprofitar per dur-la a terme dins els actes de la Festa de Sant Jordi.

El mirall de l'amistat (II)

Objectiu

- Plantejar acords de grup per tal d'afavorir el clima i el treball de classe, com també facilitar la resolució de conflictes.

Desenvolupament

Entre tots els nois i les noies es pensaran uns objectius, ja siguin referents a tècniques de treball, resolució de conflictes, etc., que s'intentaran dur a terme durant un temps estipulat.

En un plafó que hi haurà penjat a la paret s'hi enganxaran uns cartronets fets amb cartolina on hi haurà escrits els acords presos pel grup, els quals es revisaran al cap d'una setmana per tal d'acordar si se'n poden plantejar uns altres o si cal continuar-hi insistint. Seria interessant plantejar-se algunes estratègies per tal d'ajudar a complir aquests objectius.

Material

- Utilitzes el mateix de la proposta que apareix a la pàgina 69 (El mirall de l'amitat I).

Avaluació

- Valorar l'actitud, els acords i el compliment dels acords.

Suggeriments

Abans de posar-se a marcar uns objectius per treballar durant un temps establert, seria interessant dedicar una estona a reflexionar sobre la dinàmica del grup classe: interacció entre els companys i les companyes, dinàmica de treball, etc.

Fem divisions

Objectiu

- Demostrar que un resultat positiu depèn de tothom.

Desenvolupament

Es tracta de dividir un tema de ciències naturals o socials en tants apartats com grups es confeccionin.

Cada grup n'estudia una part i un noi o una noia dels membres que el componen l'exposa al gran grup. D'aquesta manera tots s'assabenten de tot mitjançant la cooperació.

Material

- La professora o el professor escolleix un tema i el divideix en tantes parts com grups es facin.

Avaluació

- Valorar la participació de tothom, l'organització de cada grup i l'exposició que es realitzi davant de la resta de companyes i companys.

Suggeriments

Pregunta que pot formular el tutor o la tutora per induir el grup a la reflexió: Per aprendre, és important treballar en col·laboració? Per què? Aquesta activitat podria realitzar-se en les àrees de coneixement del medi natural o social.

El meu lleure

Objectiu

- Encoratjar els alumnes i les alumnes a omplir el seu temps de lleure organitzant activitats plegats.

Desenvolupament

Es reparteix a cada noi o noia un full (quadre 26) on pugui reflexionar sobre el temps que dedica a relacionar-se amb els companys i els amics de fora de l'escola i a la vegada pugui pensar amb altres activitats que podrien realitzar plegats.

Un segon pas seria fer grups de tres o quatre persones per tal que entre elles puguin conèixer les activitats que realitzen els seus companys i companyes, quines els agradaria portar a terme i quina estratègia suggereixen per dur alguna de les activitats a la pràctica.

Possible guió perquè el segueixi cada grup:

- Que cadascú llegeixi les activitats que porta a terme amb altres companyes i companys de fora de l'escola. Treure'n conclusions.
- Llegir quines activitats agradaria realitzar a cadascú. Comprovar-ne coincidències.
- Escollir una o dues activitats per portar a la pràctica.
- Buscar un pla d'acció.

Un tercer pas seria posar-ho en comú davant el grup classe. Un representant de cada grup exposarà les idees del seu equip i la tutora o el tutor anirà apuntant a la pissarra les activitats que han decidit intentar posar en pràctica. Entre tots es buscarà concretar un pla d'acció.

Quadre 26. Full de l'alumnat *(El meu lleure)*

NOM: ....

DATA: .... CURS: ....

1. Escriu tres activitats que realitzis amb companys i/o amics fora de l'horari escolar.

....

....

2. Escriu alguna activitat que t'agradaria portar a terme amb els teus amics i amigues en el teu temps de lleure.

....

Material

- Fotocòpies del model (quadre 26).

Avaluació

- Valorar l'actitud, la participació, les estratègies d'acció per part de l'alumnat i la posada en pràctica dels acords.
  També cal observar com s'organitza cada grup: secretari, moderador, etc.

Suggeriments

Mentre les noies i els nois treballen, és convenient que la tutora o el tutor vagi passant pels grups per tal d'observar si convé que hi intervingui.

També es recomana que al cap d'una setmana es torni a incidir en els acords que es prenguin per tal d'observar si s'han portat a terme.

L'amistat

Objectius

- Reflexionar sobre els comportaments que hi ha al darrera de tota gran amistat.
- Arribar a uns acords de grup.
- Participar col·lectivament.

Desenvolupament

Es tracta de dividir-nos per grups. En cada grup hi haurà una secretària o un secretari que anirà prenent notes de les idees clau que vagin sorgint dels membres del grup i una moderadora o un moderador que donarà torns de paraula i vetllarà perquè tothom participi en l'activitat.

La consigna que es donarà pot ser: Parlar de l'amistat. Amics i amigues. Necessitat, importància.

Experiències. Quins són els comportaments que porten a mantenir una amistat?

Es donarà el temps necessari per tal que cada grup pugui reflexionar, compartir opinions i arribar a unes idees de grup sobre l'amistat. Un cop acabada la reflexió conjunta, cada secretari exposarà els punts acordats a nivell de grup i s'obrirà un torn de paraules per tal d'aprofundir-hi més. El tutor farà de moderador. Seria interessant arribar a uns acords de gran grup i buscar un pla per portar a la pràctica (compromís).

Avaluació

- Valorar la participació i el contingut dels acords dels grups.

Suggeriments

Mentre els grups estan treballant, és convenient que el tutor o la tutora es passegi per la classe intervenint en les reflexions quan es consideri oportú.

Aquesta activitat podria realitzar-se a l'àrea de llengua (expressió oral).

Escollim un tema

Objectiu

- Afavorir la participació de tots els membres ajudant-los a donar la seva opinió sobre un tema d'interès per a la majoria.

Desenvolupament

Es repartirà un full a cada alumne o alumna i aquest escriurà un tema que li interessi debatre amb els companys i les companyes. Es recolliran els fulls, s'aniran llegint i s'apuntarà el tema a la pissarra.

El que hagi sortit repetit més vegades serà el que s'escollirà. A continuació es faran grups de tres o quatre persones, entre elles escolliran un moderador i un secretari que anirà apuntant les idees que vagin sortint.

Es tracta que cadascú doni la seva opinió sobre el tema.

Un cop els grups hagin acabat, cada secretari o secretària llegirà les conclusions del seu grup i s'obrirà un debat, moderat pel tutor o la tutora, per ampliar les opinions.

Quan es faci la posada en comú, un alumne o una alumna també anirà recollint les idees més rellevants per tal que després es puguin escriure en un paper d'embalar i penjar-les en una paret de la classe o passadís.

Material

- Un tros de paper per a cada noia o noi.

Avaluació

- Valorar l'actitud, la participació en el petit grup i en la posada en comú, el recull d'idees per part del secretari o la secretària, el paper de la moderadora o el moderador, la responsabilitat i la presa de decisions.

Suggeriments

El paper del tutor o la tutora hauria d'estar en un segon pla, tot i que cal que tingui els ulls ben oberts per quan sigui necessària la seva intervenció.

Diari

Objectiu

- Afavorir la necessitat d'organitzar-se per tal d'arribar a un objectiu comú.

Desenvolupament

Els nois i les noies, en grups de dos o tres, miren un diari i en van retallant totes les paraules que els suggereixin alguna cosa (també tindran en compte de retallar signes de puntuació).

De les paraules retallades n'escolliran aquelles que agradin més.

Intenten començar a fer frases amb sentit i lligar-les entre si.

Això ho aniran fent sobre un full en blanc. Quan l'educador o l'educadora ho indiqui, l'alumnat enganxarà les paraules sobre el paper.

Material

- Diaris que cadascú portarà de casa.

Avaluació

Quadre 27. Exemple de l'activitat *Diari*

- Tenir en compte la participació de tots els membres del grup, l'entesa i l'organització per tal d'arribar al resultat final.

Suggeriments

Mostrar alguns exemples fets per altres alumnes com el que apareix al quadre vint-i-set. Aquesta activitat podria realitzar-se en l'àrea de llengua.

Portadors d'informació

Objectiu

- Assabentar-se del contingut global d'un tema amb l'ajut dels companys de classe.

Desenvolupament

La primera part de l'activitat consisteix a seguir els mateixos passos que en la tècnica «Fem divisions».

Es reparteix un tema en tants apartats com grups es confeccionin. Cada grup aprofundeix en aquella part que li correspon, a continuació es formen grups nous amb un noi o una noia de cada un dels grups anteriors i cadascú explica la seva part del tema durant un temps determinat. L'activitat finalitza tornant-se a formar els grups originaris de tal manera que puguin repassar el conjunt del tema i cadascú en faci un resum per escrit.

Material

- Paper.

Avaluació

- Valorar l'interès de cada membre per tal d'intentar transmetre de la millor manera possible la informació encomanada.

Suggeriments

Aquesta activitat podria realitzar-se en l'àrea de coneixement del medi.

Dilema

Objectiu

- Analitzar una situació en grup i arribar a unes conclusions després d'estudiar-ne les diferents possibilitats.

Desenvolupament

El tutor o la tutora planteja una situació. El plantejament pot donar-lo, si vol, per escrit:

> La Maria i la Sònia són bessones. És el seu últim curs a l'institut i després de rumiar-s'ho tenen clar el que volen estudiar i ho plantegen a la seva mare i al seu pare.
>
> La Maria vol ser mestra i la seva família no hi posa cap entrebanc.
>
> La Sònia comunica a la seva mare i al seu pare que vol ser pilot d'avió i ells s'hi neguen en rodó.
>
> *Dilema*: Què es pot fer?

Es formen grups de tres o quatre persones per tal que estudiïn la situació i arribin a una resolució del conflicte. Algunes de les preguntes que se'ls pot suggerir són les següents:

> - Per què el pare i la mare no posen cap entrebanc quan la Maria els planteja que vol ser mestra?
> - Per què la família es nega a què la Sònia estudiï per ser pilot d'aviació.
> - Què creieu que ha de fer la Sònia?

Cal tenir en compte que per ella té molta importància l'opinió de la seva família, ja que sempre hi ha hagut confiança i bon clima entre tots els membres que la componen.

Cal estudiar els avantatges i els inconvenients de cada alternativa.

Un cop parlat i estudiat el tema pel petit grup es posa en comú i s'obre un espai de diàleg.

Avaluació

- Valorar l'anàlisi que fa cada grup de la situació, com justifica la decisió que proposa.
- Observar com s'organitza cada grup i la participació de tots els membres.

Dinamització de conflictes

Només encarant junts el conflicte s'avança cap a la maduresa del grup, cap a la seva màxima efectivitat. Afrontar els problemes desenvolupa el sentit de la capacitat i responsabilitat per cercar solucions satisfactòries.

S'ha escrit molt sobre l'afirmació que fent el treball de la classe interessant i motivador sorgeixen pocs problemes de conducta a l'aula. Hi ha alguna cosa de veritat en aquest raonament. Però han de tenir-se en compte altres factors. El que interessa amb les activitats és contribuir també a l'èxit de cadascun dels alumnes, a procurar-los reconeixement en augmentar la sensació de la seva vàlua personal; si no és així, perdran la seva atracció. A totes les persones ens convé viure experiències reeixides.

Les activitats interessants contribueixen a fer atractiu el grup només en la mesura en què satisfacin les seves necessitats.

Sovint passa que l'alumnat viu la seva estada a l'escola com a font de fracàs constant i com a lloc irrellevant per a les seves necessitats, i opta per causar problemes com a mecanisme de rebuig en no obtenir cap satisfacció en la seva assistència al centre docent.

Què és un «conflicte»?

Per conflicte entenem la situació generada per una conducta o actitud que influeix negativament en el procés d'ensenyament-aprenentatge i que suposa un trastorn per al desenvolupament normal de la vida a l'aula.

Certs tipus de comportament dins les aules són sovint motiu de tensió i de conflicte, com és ara la transgressió de normes, enfrontaments de rols o dificultats d'aprenentatge.

Quan les noies i els nois arriben a l'adolescència influeixen de manera decisiva en el desenvolupament de l'estructura grupal.

Els canvis d'actituds, la necessitat d'independència, la pertinença a altres grups fora de la institució escolar, etc. sovint generen contradiccions que influeixen en la seva conducta dins del grup.

El professorat ha de vetllar per la importància de les relacions grupals que s'estableixen en una classe. Els alumnes són molt sensibles a la pressió del grup i això fa que un dels mitjans més eficaços per influir-hi sigui més mitjançant el propi grup que no pas per l'acció individualitzada per part del propi docent. Podem influir en canvis de conducta amb alumnes que presenten problemes de relació gràcies a la intervenció dels seus companys i companyes.

La conducta d'un noi o d'una noia es troba condicionada pel grup a què pertany. El grup classe és per la noia i el noi un sistema de referència que motiva la seva actuació. Com senyala Watkins (1991):

Un grup organitzat és per ell mateix el millor disciplinador dels seus membres.

Nombroses investigacions demostren que la regulació del conflicte disminueix la probabilitat que aquest prengui caires destructius.

El professorat hauria de tenir present:

- No reaccionar amb postures autoritàries.
- Adoptar una escolta activa.
- Afavorir una estratègia de canalització dels conflictes

El professor o la professora hauria de prevenir les tensions; quan aquestes sorgeixen hauria d'ajudar a regular la resolució, és important que disposi d'un model de referència a l'hora de portar a terme la dinamització d'un conflicte.

Una estratègia per comprendre millor la conducta d'un noi o una noia és utilitzar la «perspectiva interactiva». Segons aquesta perspectiva, les característiques complexes de la situació amb la qual interactua l'alumne són factors importants per comprendre com i per què opta per una forma de conducta i no per una altra en una situació concreta. A la pàgina 95 (quadre 28) adjuntem un model de registre per facilitar l'observació dels factors i la seva anàlisi posterior.

Cal analitzar les característiques més importants de la situació que més influencien en la conducta de la noia o del noi:

- Les persones significatives que participen en la situació:
  - El que esperen de l'alumne i el que pensen d'ell.
  - Les interrelacions que viu la noia o el noi i com sorgeixen les interaccions, fins a quin punt provoquen resposta en ell o ella.
  - Si, per exemple, un alumne o una alumna té fama de pallasso o de molestar les professores i els professors s'esforçarà per mantenir aquest rol a fi de satisfer les expectatives dels companys i les companyes.
- El que l'alumnat espera de les altres persones significatives:
  - La imatge que transmet de si mateix en comportar-se d'una manera determinada en una situació determinada.
- La finalitat de la conducta de l'alumne. Les possibilitats de canvi de conducta ca buscar-les en el context de la situació en què té lloc la conducta.

El paper de l'educadora o de l'educador hauria de ser el de mitjancer, caldria que dotés el grup d'una estratègia de resolució de conflictes, la seva tasca s'ha de traduir a fer la presentació dels conflictes de manera positiva, és a dir, subratllant la possibilitat que hi ha de solucionar-los i recordant que s'ha de diferenciar entre problema i persona. És important potenciar la comunicació i ajudar l'alumnat a identificar les causes de conflicte.

Els passos que cal seguir són:

1. Descobrir els *problemes*
   Cadascú inicia la seva visió del conflicte amb la utilització de «Missatges jo», com és ara: «Jo crec que...», «Per mi el problema que tenim és a...».
   Entre tots aclarim les dimensions del problema i centrem el conflicte. Cal procurar que el grup descrigui el seu propi procés davant la conducta problemàtica.
2. Buscar possibles *solucions*
   Individualment o per grups s'intenta aportar les propostes de solucions sense fer valoracions.
3. Valorar i escollir la *millor* proposta
   Sospesar els avantatges i els inconvenients de cada proposta.
4. Elaborar un *guió* de solució
   Repartir les responsabilitats, preparar una temporització de les activitats de solució proposades, establir quina persona vetllarà perquè es compleixin.

En definitiva, és important provocar una presa de consciència i una recerca de solucions realistes. Hem introduït diferents fitxes model de casos. Aquestes només tenen la funció de servir d'exemples, ja que és el propi mestre o mestra qui ha de preparar el material d'acord amb la seva realitat, seleccionant les temàtiques de reflexió i discussió. Aquesta metodologia facilita i estimula la participació activa de l'alumnat, educa la capacitat crítica i en cap cas la seva finalitat és la d'arrbar a una solució única, sinó a la interacció i el diàleg que s'estableix en el grup.

Les actuacions proposades les podem utilitzar com a prevenció pro-activa, possibilitant així un marc de reflexió que faciliti la convivència. O bé utilitzar-les després d'una situació conflictiva en el grup classe.

Quadre 28. Exemple de registre de situacions conflictives a l'aula ordinària

SITUACIÓ CONFLICTIVA	
QUÈ LA PROVOCA?	
RESPOSTA DE L'ALUMNE/A	
RESPOSTA DEL DOCENT	
REACCIÓ DEL GRUP CLASSE	

Per a un bon desenvolupament de l'activitat és important que existeixi una predisposició vers la comunicació traduïda en una cordialitat. Quan hi ha diversitat d'opinions, la participació és nombrosa i es respecten les normes dialògiques, s'enriqueix el debat.

A l'alumnat aquesta tècnica l'ajuda a desenvolupar una flexibilitat en el seu raonament, ja que li fa palès que no existeix una única solució. Cada noi o cada noia en pot aportar una de diferent en funció de les seves vivències i motivacions. És més probable que un alumne o una alumna manifesti la seva conformitat a l'opinió del grup quan la resta arriba a un acord gairebé unànime que no pas quan no s'hi arriba. És un fenomen molt estudiat per la psicologia social que s'anomena «presió de conformitat».

L'assemblea/Fem teatre/El mirall de l'amistat (II)

Aquestes activitats, explicades anteriorment (pàgines 75, 76 i 87 respectivament), també es poden utilitzar en aquest apartat.

Establim un pla

Objectiu

- Buscar un procediment per resoldre diferents situacions.

Desenvolupament

El tutor o la tutora comença la sessió explicant una situació simulada que pot ser qualsevol, fins i tot una de real un xic modificada per tal de no inhibir ningú. Alguns exemples:

- Un grup d'alumnes de segon de cicle mitjà són al pati discutint. El Manel, tutor d'aquest grup és avisat per posar-hi pau. La Maria, només veure arribar el seu mestre li explica alterada que els nens de la classe s'apoderen de la pista de bàsquet i no deixen que elles hi juguin. Això fa molts dies que es repeteix, ja n'estan tipes i volen que es faci justícia. El tutor crida a tots els alumnes per parlar-ne.

- En Jaume té 12 anys, és un noi d'estatura mitjana, una mica grassonet, pèl fosc, ulls marrons i pell morena. És bon nen i molt tímid, normalment juga sol i no té gaires amics. Li agrada el dibuix i se n'ensurt bastant bé, li costen les matèries de l'escola tot i que s'hi esforça. No acostuma a preguntar quan una cosa no l'entén i prefereix guardar-se-la i preguntar-la a la seva germana gran que va a l'institut.

- La Roser està molt trista perquè han de fer un treball en grup de dos o tres i ella s'ha quedat sola. Ha preguntat a diferents companys i companyes si la deixaven anar amb ells però li han respost que no hi cabia ningú més.

- La Roser és una nena molt eixerida, sempre és la primera a l'hora d'organitzar una festa i d'apuntar-se on hi ha gresca; ara bé, al moment de treballar sempre intenta escapolir-se'n i, si és possible, que els altres facin la feina per ella. Els seus companys i companyes ja n'estan cansats d'haver de treballar per ella i cada vegada té més dificultat a l'hora de treballar en grup.

Es demana als alumnes i a les alumnes com es podria ajudar la companya o el company. S'aconsella seguir els passos exposats en la introducció teòrica de «Dinamització de conflictes».

Avaluació

- Valorar l'interès i la participació dels membres del grup classe.

Suggeriments

S'aconsella que les primeres situacions es plantegin a nivell de grup classe per tal que, de mica en mica, es puguin treballar en petits grups seguides d'una posada en comú.

Saps dialogar? (I)

Objectius

- Ajudar l'alumnat a tractar els problemes i identificar què els genera.
- Afavorir la comunicació i la tolerància entre les companyes i els companys.
- Facilitar la convivència del grup mitjançant el diàleg.

Desenvolupament

Es tractaria de seguir el mateix procediment que en l'activitat *Establim un pla.* Altres exemples de situacions conflictives:

No em deixen jugar

En Pere és un noi «grassonet» i té poca habilitat jugant al futbol. Al Pere li agrada molt el futbol, se sap el nom de tots els jugadors de la lliga i els resultats dels partits de cada diumenge. Tots els companys i companyes li pregunten coses sobre els jugadors, els resultats, etc. Malgrat tot, mai no el deixen jugar perquè segons ells no ho fa gens bé i els fa perdre els partits.

Ell ja no gosa demanar-ho, de tantes vegades que li han dit que no. Sempre se'l veu assegut en un racó del pati mirant de reüll els companys i les companyes com juguen.

- Què és més important, jugar o guanyar?

La malifeta

L'Oriol és un noi un xic entremaliat que sempre pensa quina pot fer. Avui ha amagat el llapis del seu company de taula, en Carles. Però la mestra ho ha vist i l'ha renyat davant de tota la classe.

L'Oriol pensa que la mestra sempre el renya a ell perquè li té mania, ja que n'hi ha d'altres que també ho fan i no els renya.

- Què en penses, té raó l'Oriol?

La pregunta

La mestra pregunta al grup qui ha vist mai...

La Marta, com sempre, aixeca el braç i la mestra demana que expliqui el que ha vist. Ella ho fa sempre molt bé, tots escolten amb atenció el seu relat.

En Jordi també ho ha vist i li agradaria explicar-ho, però no s'atreveix. Ell pensa que no ho sap explicar tan bé com la Marta, a ell no li surten les paraules, sovint s'entrebanca i sap que els seus companys i les seves companyes no s'interessen per la seva explicació, fins i tot n'hi ha alguns que de vegades se'n riuen.

- Què podem fer per ajudar el Jordi?

L'estudiós

Al Roger li agrada molt estudiar i passa moltes estones a casa seva llegint.

Quan el mestre fa alguna pregunta a classe ell sempre aixeca el braç i respon. Això passa molt sovint, però darrerament en Roger nota que quan aixeca el braç les companyes i els companys fan la rialleta. Ja fa temps que no gosa respondre, perquè els nois i noies de la classe li diuen que l'únic que vol és fer-se el «saberut».

- Què pot fer en Roger?

Material

- Es poden seguir els passos exposats en la fonamentació teòrica «Dinamització de conflictes».

Avaluació

- Valorar les intervencions, sobretot l'interès per trobar solucions adients a les situacions conflictives.

Representem la situació

Objectius

- Representar una situació conflictiva canviant els rols.
- Reflexionar sobre com se sent l'altra persona implicada. Expressar els propis sentiments.

Desenvolupament

Es tracta de representar un conflicte que hagi sorgit entre alguns membres de la classe. Seria convenient que qui fes la presentació fossin les mateixes persones implicades, però amb els rols canviats. Si es donés el cas que no es posen d'acord amb el que va passar, és convenient que abans de representar el conflicte cadascú expliqui la seva versió fins arribar a un acord de la situació.

Un cop hagin acabat d'actuar és interessant que cadascú expressi com se sent i intenti pensar com es poden sentir les altres persones. El tutor o la tutora hi pot intervenir suggerint algunes preguntes per tal d'arribar a fer les paus.

Per exemple:

- Us agradaria que l'altra persona us contestés alguna pregunta?
- Quina creieu que podria ser la solució ideal?
- Què estarieu disposats a fer per tal de solucionar el que ha passat?
- Quin pla d'acció acordeu?

Avaluació

- Valorar la capacitat d'escoltar i la flexibilitat dels integrants del grup, com també la voluntat de buscar solucions al conflicte i d'adquirir el compromís de fer les paus.

Canviem

Objectiu

- Reflexionar sobre la possibilitat de modificar, amb esforç, una conducta determinada.

Desenvolupament

Facilitar a cada noi o noia una fitxa model. Un cop n'hagi omplert la primera part, la professora o el professor plantejarà una situació simbolitzada per tal de donar un exemple de com s'ha de modificar un comportament determinat.

Per exemple: Imaginem que un nen o una nena volgués aconseguir portar sempre els deures fets. Passos que es poden aconsellar:

- Cada matí quan es llevi repetir-se la seva intenció.
- Escoltar a classe i apuntar a l'agenda els deures per al proper dia.
- Si té algun dubte, preguntar-lo al tutor, a la tutora o a algun company o companya.
- Buscar l'estona per poder-los fer. Potser cada dia no podrà a la mateixa hora, dependrà de les seves ocupacions extraescolars. Per tant, caldrà que es planifiqui un horari de les seves activitats després de les cinc i buscar l'espai per poder fer els deures. Potser si es queda a dinar a l'escola al migdia tindrà un espai per fer-los.
- Abans d'anar a dormir, revisar que tots els deures estiguin fets i posar-los a la cartera, a punt per portar-los a l'escola l'endemà.

Material

- Fotocòpies del full proposat (quadre 29).

Avaluació

- Cal que setmanalment o quinzenalment es faci una avaluació. Primer a nivell individual (donar un paper perquè cada alumne o alumna reflexioni sobre com ha portat a terme el que s'havia proposat) i després col·lectivament (deixar un espai perquè l'alumnat pugui comentar davant el grup el desenvolupament del seu objectiu; pot demanar consell als companys i les companyes).

Quadre 29. Full de l'alumnat *(Canviem)*

NOM:...
DATA:................................ CURS: ....

Pensa tres coses que t'agradaria canviar de la teva manera de comportar-te, ja sigui a casa o a l'escola:

1. ....
2. ....
3. ....

Contesta:

- Veus possible canviar alguna d'aquestes actituds? ....
  Per què? ....
- En cas que la resposta sigui afirmativa, pensa una estratègia per fer-ho (quins passos seguiràs).

Suggeriments

Aquesta activitat podria realitzar-se a l'àrea de llengua.

Alternativa

Objectiu

- Que l'alumnat sigui capaç de plantejar una situació real a partir d'una escena imaginària i, seguint uns passos establerts, arribar a un guió de solució possible.

Desenvolupament

Plantejar a l'alumnat a partir d'una imatge una situació semblant a la següent (es pot dibuixar a la pissarra):

Una muralla molt gran i molt alta amb una criatura petita al davant. Més allunyat, al darrera de l'infant, un gran elefant.

1. Es demana a un alumne o a una alumna que descrigui què veu a la imatge.
2. Es pregunta què els sembla que li passa a l'infant. Si creuen que vol saltar la muralla, per què, com es deu sentir, etc.
3. Després de reflexionar la situació, els sentiments i les intencions del personatge, es demana que pensin solucions davant el conflicte: Què pot fer l'infant? Se'n sortirà?
   Per què?
4. Un cop s'hagin donat diferents sortides raonades i factibles, es proposa als alumnes si la situació de la pissarra es podria extrapolar a alguna situació real viscuda o no per ells; d'aquesta manera l'objecte i els personatges es converteixen en coses i persones de la vida mateixa (per exemple: un alumne davant la mateixa imatge ens va contestar que per ell la muralla eren els estudis i l'elefant la pressió del seu pare i la seva mare).
   Si els costa intervenir se'ls pot donar aquest exemple i esperar que n'expliquin d'altres.
5. A partir d'aquí, seguint els passos proposats de Resolució de conflictes (pàgina 95) en la seva fonamentació teòrica, s'intenta trobar un guió de solució a la situació real plantejada per l'escolar.

Material

- Dibuix a la pissarra de la situació inicial plantejada o fotocòpies individuals de la imatge.

Avaluació

- Valorar l'actitud, la participació i la implicació de l'alumnat.

Suggeriments

- Aquesta activitat podria realitzar-se a l'àrea de llengua.

La meva classe

Objectiu

- Reflexionar vers el grau de convivència a l'aula.

Desenvolupament

Cada membre, individualment, respon un qüestionari. (Quadre 30.)
Posteriorment es realitza un debat en el qual es comenten els suggeriments de cadascú.

Material

- Fotocòpies del model de qüestionari. (Quadre 30.)

Quadre 30. Qüestionari *(La meva classe)*

Per tal de valorar l'ambient de convivència de la nostra aula i poder-hi realitzar les millores necessàries, us preguem que feu la valoració de les preguntes següents, moltes gràcies.

Escala de valoració
Assenyala amb un cercle el grau de conformitat en cadascuna de les preguntes. La puntuació qualitativa és la següent: 1 = gens, 2 = poques vegades, 3 = normalment, 4 = sempre.

Aspectes que cal valorar
La meva classe és...

1. Un lloc on m'ho passo bé	1	2	3	4
2. Un lloc on les activitats que fem són interessants	1	2	3	4
3. Un lloc on es valora més els resultats que l'esforç	1	2	3	4
4. Un lloc on predomina un ambient agradable	1	2	3	4
5. Un lloc on predomina un ambient de respecte per a tothom	1	2	3	4
6. Un lloc on podem expressar els nostres sentiments	1	2	3	4
7. Un lloc on podem expressar les nostres idees	1	2	3	4
8. Un lloc on es compleixen les normes	1	2	3	4
9. Un lloc on es fa difícil seguir les explicacions del professorat	1	2	3	4
10. Un lloc on cadascú va a la seva	1	2	3	4
11. Un lloc on els grups de companys i companyes estan molt diferenciats i els costa relacionar-se	1	2	3	4
12. Un lloc on sovint ens ajudem els uns als altres	1	2	3	4
13. Un lloc on sovint tots plegats prenem decisions per consens	1	2	3	4
14. Un lloc on predomina una relació distant amb el nostre tutor o tutora	1	2	3	4

15. Escriu el teu suggeriment per millorar l'ambient de la classe.

....

....

Adaptació de la tècnica «Yo en esta clase», publicada en el llibre: Brunet, J.J.; Negro, J.L. (1989). *Tutoría con adolescentes.* Madrid. San Pío X.

Suggeriments

Activitat recomanada per treballar-la després d'haver-se desencadenat un conflicte relacionat amb la convivència dins del grup.

Permet a l'alumnat reconèixer aquells aspectes que afavoreixen o dificulten una bona relació.

Amb la creació d'un bon clima a classe tothom treballa millor, per això és important que el tutor o la tutora copsi el grau de satisfacció de pertinença al grup classe.

Davant un conflicte convé reflexionar-hi, parlar-ne. Les opinions fonamentades en el respecte i la sinceritat ajuden a la cohesió del grup classe i faciliten el sentit de la responsabilitat per trobar les solucions satisfactòries quan la convivència trontolla.

Busquem solucions

Objectiu

- Arribar entre tots els membres del grup classe a un procediment de resolució de conflictes interpersonals.

Desenvolupament

Després d'haver plantejat diferents situacions simulades i analitzar-les per tal de buscar-hi solucions, l'educador o l'educadora proposa que entre tots els nois i noies es pensin uns passos que caldrà seguir per tal d'aplicar-los sempre que sorgeixi una situació conflictiva. Com a orientació, el professor o la professora pot guiar-se amb els passos que se suggereixen al marc teòric de «Dinamització de conflictes», tot i que l'objectiu de la tècnica consisteix en què sigui el propi alumnat qui arribi a un procediment que serveixi per múltiples situacions, per tal que s'hi senti més implicat i així vetlli perquè se segueixin els passos acordats.

Un cop els passos estan acordats, es tracta d'escriure'ls en un lloc visible per a tothom i seguir-los sempre que es cregui convenient.

Material

- Paper d'embalar i retoladors.

Avaluació

- Valorar l'actitud i la implicació de l'alumnat.

Suggeriments

Seria interessant que qui moderés la posada en pràctica dels passos acordats entre tots i totes fos un noi o una noia amb l'ajut del tutor o la tutora.

Aquesta activitat podria realitzar-se a l'àrea de llengua.

La caixa

Objectiu

- Construir un objecte per tal que l'alumnat hi pugui introduir un paper on comuniqui les seves preocupacions i angoixes, i a partir d'aquí plantejar la situació a nivell grupal i així buscar una estratègia de solució entre tots els companys i les companyes.

Desenvolupament

El tutor o la tutora preguntarà a l'alumnat de quina manera es podria facilitar que aquells companys i companyes que volguessin comunicar un conflicte personal de manera discreta ho poguessin fer, per tal que entre tots es busqués una possible solució o, si més no, es dediqués un temps a parlar-ne.

Segons la imaginació de les noies i els nois es pot suggerir deixar una caixa amb un forat al mig per tal que qui volgués, posant-hi el nom o no, plantegés una situació i, entre tots, seguint els passos acordats, s'arribés a fer un guió de solució.

Material

- Cartró, paper de colors, folis tallats per la meitat, etc.
- Cola.
- Estri per escriure.

Avaluació

- Valorar l'interès i la participació de l'alumne, tant a l'hora de buscar i construir un objecte com al moment de plantejar situacions personals i intervenir-hi per buscar-hi solucions.

Suggeriments

Uns quants voluntaris i voluntàries podrien ser els encarregats de la construcció de l'objecte, al mateix temps que vetllessin per la seva conservació.

Si fossin moltes les situacions que es presentessin es poden acordar diverses maneres d'escollir-ne una: a sorts, deixant que durant un temps ningú no plantegi cap més situació fins que no s'hagin tractat totes les de dins de l'objecte, etc.

Aquesta activitat podria realitzar-se a l'àrea d'educació plàstica.

La fortalesa[5]

Objectiu

- Sensibilitzar-se de la necessitat de sentir-se acollit pel grup i dels sentiments que es poden tenir segons el rol que s'ocupa.

Desenvolupament

Es fa un cercle i es deixen dos o tres alumnes a fora. Aquests han d'intentar entrar-hi sense utilitzar mitjans violents. És convenient que tant els que formen

---

5. Adaptació del llibre de HOSTIE, R. (1974): *Técnicas de dinámica de grupo.* Madrid. ICCE.

part del cercle com els que són a fora busquin alguna estratègia que calgui seguir per aconseguir entrar-hi.

L'activitat s'acaba quan les persones que són a fora aconsegueixen entrar.

Avaluació

- És molt important avaluar el que ha passat conjuntament amb tots els membres de la classe.
  Cal reflexionar sobre les sensacions que tenien tant els que volien entrar com els que no els ho deixaven fer i traspassar-ho, si es considera necessari, a algun problema concret i real.
- Per part del tutor o de la tutora cal valorar l'actitud de l'alumnat durant el procés de la tècnica i els sentiments manifestats en la reflexió conjunta.

Suggeriments

Es recomana utilitzar aquesta tècnica un cop ja se n'hagin utilitzat d'altres i l'alumnat tingui un mínim de preparació per poder reflexionar sobre els sentiments implícits al llarg del desenvolupament de la tècnica.

És imprescindible que l'alumnat que intenti entrar dins el cercle no siguin nois o noies aïllats, marginats del grup, sinó al contrari.

Aquesta activitat podria realitzar-se a l'àrea d'educació física, especialment si la persona docent que la porta a terme és el tutor o la tutora.

Saps dialogar? (II)

Objectiu

- Aclarir les pròpies opinions i prendre'n consciència.

Desenvolupament

Reflexió prèvia a nivell individual per passar a organitzar un debat. Al quadre trenta-ú es proposen models de casos.

Avaluació

- Valorar les intervencions, sobretot l'interès per trobar solucions adients a la situació conflictiva.

Suggeriments

El tutor o la tutora requereix una formació prèvia de com ha de funcionar un debat:

- Elecció d'una moderadora o un moderador.
- Presentació del tema.
- Concessió del torn de paraules segons l'ordre de sol·licitud.
- Al final recopilació de les idees sorgides al llarg del debat. Intent d'una conclusió consensuada pel grup.
- Presa de posició de cadascun dels alumnes, a favor o en contra, amb els arguments que justifiquin la seva postura.
- Possibles aportacions d'experiències relacionades amb el tema que es tracta.

Quadre 31. Models de casos. *(Saps dialogar? II)*

El cas de la Laia

A la classe de 2n A d'ESO hi ha una noia que té greus problemes familiars. El professorat i els seus companys i companyes ho saben i per això li toleren unes actituds que sovint són inadmissibles.

El comportament provocatiu de la Laia ha arribat a tal extrem que impedeix el normal desenvolupament de les classes.

Què cal fer?

. Avisar la mare i el pare.

. Que el tutor o la tutora parli amb ell (procediment que s'ha demostrat ineficaç).

. Expulsar-la, intentar ajudar-la mitjançant un psicòleg.

. Altres alternatives.

El cas d'en Jaume

En Jaume és un noi de tretze anys. En acabar els estudis primaris no tenia gens clar el seu futur acadèmic. És una persona reservada, poc segura de si mateixa, que acostumava a anar a remolc dels seus companys. A l'hora de prendre la decisió de triar crèdits optatius els seus amics el van influir perquè cursés els mateixos que ells.

El seu pare i la seva mare l'aconsellaven que no ho fes, que seria millor que cursés altres opcions.

En Jaume cada cop està més desmotivat, ja que no se'n surt i explica al seu tutor que vol deixar el centre.

Què cal fer?

. Penseu que a vosaltres us pot passar el mateix.

. És millor que deixi el centre.

. Com podem ajudar en Jaume.

El cas de l'Alba

L'Alba és una noia de divuit anys que sempre li ha agradat molt el teatre. El seu pare és un metge molt apreciat en la comunitat per les seves qualitats professionals. La seva mare no veu amb bons ulls que la seva filla es dediqui a una professió de futur tan incert.

El somni de l'Alba és ser una gran actriu. El seu pare ja li ha dit que estudiï medicina com ell i es deixi de romanços.

L'Alba sempre ha estat molt bona estudiant i segurament traurà la nota necessària per fer medicina.

Què ha de fer?

. Estudiar medicina encara que no li agradi?

. Intentar convèncer el seu pare i la seva mare?

. Anar-se'n de casa a treballar i fer el que li agrada?

. Demanar al tutor que parli amb la seva família?

La família/Dilema

Aquestes activitats, explicades anteriorment (pàgines 48 i 92 respectivament) també es poden utilitzar en aquest apartat.

Activitats finals

Aquestes tècniques van adreçades a realitzar-se a final de curs, després d'haver treballat la dinàmica de grups de manera constant al llarg de l'any acadèmic.

Tenen com a finalitat preparar l'alumnat per a un «càlid final» i li donen l'oportunitat de poder expressar els seus sentiments i reflexionar sobre la seva evolució, tant la personal com la col·lectiva.

El país de la foscor (revisió)

Objectiu

- Remetre'ns a l'activitat introductòria realitzada a principi de curs per tal de revisar si ha millorat la relació entre els companys i les companyes de la classe i si es coneixen més bé.

Desenvolupament

L'activitat consisteix a revisar com està el grup, si hi ha millores en la seva relació. Després de parlar-ne obertament, cal decidir si «el cel de la classe» aparegut en l'objecte (pàgina 24) es pot aclarir amb la sortida del sol o si encara s'hi ha de mantenir la lluna.

Pot passar que comentin que la relació entre ells i elles és més positiva, que es coneixen i s'ajuden més, tot i que pensin que pot millorar. Si es donés aquesta situació és pot proposar deixar el cercle on està pintat el cel, a mig camí entre la lluna i el sol, esperant treballar més el grup al proper curs per tal que el sol acabi de sortir del tot.

Material

- Objecte construït a partir de les indicacions donades a la pàgina 24.

Avaluació

Valorar l'actitud i les intervencions dels nens i nenes.

El regal

Objectiu

- Expressar mímicament el seu sentiment vers el company o la companya tenint en compte que s'arriba al final de curs.

Desenvolupament

Tots els nois i les noies seuran en rotllana. Cadascú donarà a la companya o al company que tingui a la seva dreta un regal amb mímica. Al final, si algú no ho ha endevinat, es pot dir què s'ha regalat.

Avaluació

- Valorar positivament les actituds, els regals amb significat gratificador, plens de sentiment, dolçor, etc.

Suggeriments

Aquesta tècnica es podria fer com a resultat de qualsevol sessió, en el moment que es cregués oportú.

Comiat

Objectiu

- Expressar oralment un missatge personal als companys i companyes del grup.

Desenvolupament

Ens posem tots en rotllana i es dóna un temps de silenci per tal que tothom puguin pensar, en vistes al futur, què els agradaria a nivell de grup.

Cal que tothom sigui capaç d'expressar un missatge a la resta de companys i companyes començant per: «M'agradaria que...».

Avaluació

- Valorar el fet que tots els nois i les noies siguin capaços d'expressar algun missatge al grup. Cal també tenir en compte el contingut de les seves paraules.

Missatge

Objectiu

- Escriure un missatge dirigit a les companyes i els companys tenint en compte que el curs s'acaba i que hi ha hagut moltes coses que han compartit plegats.

Desenvolupament

Es tracta que cada noia o noi sigui capaç d'escriure en un full un missatge de comiat. Cal que el personalitzi, tot i que no l'ha de dirigir a ningú en concret.

Un cop fet es pot escriure a màquina i posar-lo en un sobre.

L'últim dia de classe s'ajuntaran tots els escrits posats en sobres i es repartiran, a l'atzar, per a cada escolar.

Cadascú pot llegir a la resta de companyes i companys el missatge que ha rebut:

Material

- Papers i màquina d'escriure.

Avaluació

- Valorar l'actitud i el contingut dels missatges.

Suggeriments

Si es disposa de biblioteca, l'activitat pot dur-se a terme en aquest espai per tal que els nois i les noies disposin de llibres de diferents autors per inspirar-se.

5

Graelles orientatives de distribució de les activitats

Graella 1. Nivell recomanat

Registre del conjunt d'activitats numerades en funció de l'etapa educativa a qui van adreçades i el bloc temàtic al qual pertanyen.

BLOC TEMÀTIC	NIVELL RECOMANAT			
	EDUCACIÓ PRIMÀRIA			ESO
	C. Inicial	C. Mitjà	C. Superior	
ACTIVITATS INICIALS				
El país de la foscor	•	•		
Construïm una màquina			•	•
CONÈIXER-SE A SI MATEIX				
Dibuix	•			
Verd, groc i vermell	•			
Simbologia		•		
Pintem		•	•	
Pensa en tu		•	•	
Jo sóc		•	•	
Personatge		•	•	
El nostre temps		•	•	•
El meu rendiment acadèmic (I)		•	•	

BLOC TEMÀTIC	NIVELL RECOMANAT			
	EDUCACIÓ PRIMÀRIA			ESO
	C. Inicial	C. Mitjà	C. Superior	
Pensem		•	•	
Definicions			•	
Jo			•	•
Els animals				•
La màscara			•	•
Autoexploració del jo			•	•
El meu rendiment acadèmic (II)			•	•
Com sóc jo			•	•
La família				•
Imaginació				•
Jo en aquest centre				•
DESCOBRIR ELS ALTRES				
Cantem	•	•		
El semàfor	•			
Els altres	•			
El/la... que més m'agrada és...		•		
La carta		•	•	
Els meus amics i amigues		•	•	
Una qualitat		•	•	•
Busquem un adejctiu		•	•	
T'agrada		•	•	•
El meu lleure		•	•	
L'amistat			•	•
Rotllana			•	•
Qui és qui?			•	•
La màscara			•	•
AFAVORIR LA CONFIANÇA				
Jocs	•	•		
La muntanya	•			
Seguim la música	•			
Pintem		•	•	
El regal		•		
Relació			•	•
El mirall de l'amistat (I)			•	•
Les estàtues			•	•
Joc de paraules			•	•
Parelles			•	•

BLOC TEMÀTIC	NIVELL RECOMANAT			
	EDUCACIÓ PRIMÀRIA			ESO
	C. Inicial	C. Mitjà	C. Superior	
AFAVORIR LA COMUNICACIÓ				
L'assemblea	●	●	●	●
Fem teatre	●	●		
El ball	●	●		
El paraigua observador		●	●	
Racó de les cartes			●	
Transformació de la informació			●	●
Juguem amb les imatges			●	●
En cercle			●	●
Dictat de dibuixos			●	●
Escollim un tema			●	●
La gallineta cega	●	●		
L'amistat			●	●
Parelles			●	●
DINAMITZAR EL TREBALL DE/EN GRUP				
Juguem	●	●		
El corrent	●			
Fang i música	●			
Col.laborem	●	●		
El mirall de l'amistat (II)		●	●	
Fem divisions		●	●	
El meu lleure		●	●	●
L'amistat		●	●	●
Escollim un tema			●	●
Diari			●	●
Portadors d'informació			●	●
Dilema			●	●
DINAMITZACIÓ DE CONFLICTES				
L'assemblea	●	●	●	●
Fem teatre	●	●		
El mirall de l'amistat (II)		●	●	●
Establim un pla		●	●	●
Saps dialogar? (I)		●	●	●
Representem la situació			●	●
Canviem			●	●
Alternativa			●	●

BLOC TEMÀTIC	NIVELL RECOMANAT			
	EDUCACIÓ PRIMÀRIA			ESO
	C. Inicial	C. Mitjà	C. Superior	
La meva classe			•	•
La família				•
ACTIVITATS FINALS				
Busquem solucions			•	•
La caixa			•	
La fortalesa			•	•
Saps dialogar? (II)				•
Dilema			•	•
El país de la foscor (revisió)	•	•		
El regal		•	•	
Comiat		•	•	
Missatge			•	•

Graella 2. Temporització

Proposta d'activitats temporitzades per etapes educatives i planificades per realitzar-les al llarg d'un curs acadèmic.

Aquests models només pretenen orientar les programacions que han de desenvolupar les tutores i els tutors segons el seu context.

EDUCACIÓ PRIMÀRIA-CICLE INICIAL			
BLOC TEMÀTIC / *TEMPORITZACIÓ*	Primer trimestre	Segon trimestre	Tercer trimestre
ACTIVITAT INICIAL	. El país de la foscor		
CONÈIXER-SE A SI MATEIX	. Dibuix . Verd, groc i vermell		
DESCOBRIR ELS ALTRES	. Cantem . El semàfor . Els altres		
AFAVORIR LA CONFIANÇA		. Jocs . La muntanya	
AFAVORIR LA COMUNICACIÓ		. L'assemblea . Fem teatre . El ball	
DINAMITZAR EL TREBALL DE/EN GRUP			. Juguem . El corrent . Fang i música . Construim un conte
DINAMITZACIÓ DE CONFLICTES			. L'assemblea
ACTIVITAT FINAL			. El país de la foscor (rev.)

EDUCACIÓ PRIMÀRIA-CICLE MITJÀ			
BLOC TEMÀTIC / *TEMPORITZACIÓ*	Primer trimestre	Segon trimestre	Tercer trimestre
ACTIVITAT INICIAL	. El país de la foscor		
CONÈIXER-SE A SI MATEIX	. Pintem . Pensa en tu . Jo sóc . El meu rendiment acadèmic (I) . Pensem		
DESCOBRIR ELS ALTRES	. El/la que més m'agrada és... . La carta . Els meus amics . Una qualitat		
AFAVORIR LA CONFIANÇA		. Jocs . Seguim la música	
AFAVORIR LA COMUNICACIÓ		. L'assemblea . Fem teatre . El ball . El paraigua observador . Racó de les cartes	
DINAMITZAR EL TREBALL DE/EN GRUP			. Col·laborem . El mirall de l'amistat (II) . Fem divisions . El meu lleure
DINAMITZACIÓ DE CONFLICTES			. Establim un pla . Saps dialogar
ACTIVITAT FINAL			. El país de la foscor

EDUCACIÓ PRIMÀRIA-CICLE SUPERIOR			
BLOC TEMÀTIC / *TEMPORITZACIÓ*	Primer trimestre	Segon trimestre	Tercer trimestre
ACTIVITAT INICIAL	. Construim una màquina		
CONÈIXER-SE A SI MATEIX	. Definicions . Jo . Els animals . El nostre temps . Autoexploració del jo	. El meu rendiment acadèmic	
DESCOBRIR ELS ALTRES	. Busquem un adejctiu . T'agrada . El meu lleure . L'amistat		
AFAVORIR LA CONFIANÇA		. Relació . El mirall de l'amistat (I) . Les estàtues . Joc de paraules	
AFAVORIR LA COMUNICACIÓ		. Transf. de la informació . Juguem amb les imatges . En cercle . Dictat de dibuixos . Escollim un tema	
DINAMITZAR EL TREBALL DE/EN GRUP			. Diari . Fem divisions . Portadors d'informació . Dilema
DINAMITZACIÓ DE CONFLICTES			. Representem la situació . Canviem . Busquem solucions . La caixa
ACTIVITAT FINAL			. Comiat

EDUCACIÓ SECUNDÀRIA OBLIGATÒRIA			
BLOC TEMÀTIC / *TEMPORITZACIÓ*	Primer trimestre	Segon trimestre	Tercer trimestre
ACTIVITAT INICIAL	. Construim una màquina		
CONÈIXER-SE A SI MATEIX	. El meu rendiment acadèmic (II) . Com jo sóc . La família . Jo en aquest centre		
DESCOBRIR ELS ALTRES	. T'agrada . L'amistat . Qui és qui?		
AFAVORIR LA CONFIANÇA		. Relació . Les estàtues . Joc de paraules . Parelles	
AFAVORIR LA COMUNICACIÓ		. L'assemblea . Transf. de la informació . Juguem amb les imatges . En cercle . Escollim un tema	
DINAMITZAR EL TREBALL DE/EN GRUP			. Diari . Fem divisions . Portadors d'informació . Dilema
DINAMITZACIÓ DE CONFLICTES			. Canviem . Alternativa . La fortalesa . Saps dialogar? (II)
ACTIVITAT FINAL			. Missatge

Graella 3. Distribució per àrees

ACTIVITATS	ÀREES
CONEIXEMENT DE SI MATEIX	
. Dibuix	Educació plàstica
. Verd, groc i vermell	Llengua
. Simbologia	Llengua
. Pintem	Educació plàstica
. Pensa en tu	Llengua
. Jo sóc	Llengua (llengua estrantera)
. Personatges	Llengua. Coneixement del medi natural o social
. El nostre temps	Educació plàstica
. Definicions	Llengua
. Jo	Llengua (llengua estrangera)
. Els animals	Coneixement del medi natural
. La màscara	Llengua
. Com jo sóc	Llengua
. La família	Llengua
DESCOBRIR ELS ALTRES	
. Cantem	Música
. La carta	Llengua
. Busquem un adjectiu	Llengua
. L'amistat	Llengua
. Qui és qui?	Llengua
. La màscara	Llengua
AFAVORIR LA CONFIANÇA	
. Jocs	Educació plàstica
. La muntanya	Educació física/Música
. Seguim la música	Música
. Les estàtues	Educació física
. Joc de paraules	Llengua
. Pintem	Educació plàstica

ACTIVITATS	ÀREES
AFAVORIR LA COMUNICACIÓ	
. El ball	Educació física/Música
. El paraigua observador	Llengua
. Racó de les cartes	Llengua
. Transformació de la informació	Llengua
. Juguem amb les imatges	Llengua/Coneixement del medi social
. Dictat de dibuixos	Educació plàstica/Matemàtiques
. La gallineta cega	Educació física
. L'amistat	Llengua
DINAMITZAR EL TREBALL DE/EN GRUP	
. Fang i música	Educació plàstica
. Construim un conte	Llengua
. Col.laborem	Llengua
. Fem divisions	Coneixement del medi natural o social
. Diari	Llengua
. Portadors d'informació	Coneixement del medi natural o social
. El corrent	Educació física
. L'amistat	Llengua
DINAMITZACIÓ DE CONFLICTES	
. Canviem	Llengua
. Alternativa	Llengua
. Busquem solucions	Llengua
. La caixa	Educació plàstical
. La fortalesa	Educació física
. La família	Llengua

Bibliografia

AUBRY, J.M.; SAINT-ARNAUD, Y. (1965): *Dinámica de grupos. Iniciación a su espíritu y alguna de sus técnicas.* Madrid. Euramérica.

ANTÚNEZ, C. (1975): *Técnicas pedagógicas de la dinámica de grupo.* Buenos Aires. Kapelusz.

ARNAIZ, P. (1985): *La dinàmica de grup i l'educació. Barcelona.* Diputació de Barcelona.

ARNAIZ, P. (1987): *Aprendizaje en grupo en el aula.* Barcelona. Graó.

ARNAIZ, P. (1988): *Qui és qui. Les relacions humanes al grup classe.* Barcelona. Graó.

BANDURA, A. (1982): *Teoría del aprendizaje social.* Madrid. Espasa Calpe.

BANY, M.; JOHNSON, L. (1981): *La dinámica de grupo en la educación.* Madrid. Aguilar.

BAUTISTA, R. (1992): *Orientación e intervención educativa en secundaria.* Málaga. Aljibe.

BISCARRI, J. I ALTRES (1985): *Socialització infantil i dinàmica del grup classe.* Lleida Milagro.

BISIGNANO, J. (1985): *Relating.* Carthage. Good Apple.

BRUNET, J.J.; NEGRO, J.L. (1989): *Tutoría con adolescentes.* Madrid. San Pío X.

BRYANT, S. (1985): *Com explicar contes.* Barcelona. Nadal.

BUXARRAIS, M.R. I ALTRES. (1900): *Ètica i escola. El tractament pedagògic de la diferència.* Barcelona. Edicions 62.

CARRILLO, I.; MONTOYA, S. (1992): *Habilitats socials en la infància.* Guix, 180, pàg. 9-12.

CASAMAYOR, G. (1988): *La disciplina a l'escola. L'important és prevenir.* Barcelona. Graó, (Biblioteca del mestre, 8).

COMPANY, M. (1978): *La vida a l'escola, aprenentatge de participació.* Perspectiva escolar, 23, pàg. 17-22.

DARDER, P. (1980): *El grup classe.* Perspectiva escolar, 41, pàg. 58-64.

DARDER, P.; FRANCH, J. (1991): *El grup classe.* Vic. Eumo.

DÍEZ DE ULZURRUN, A.; MASEGOSA, A. (1994): *La dinàmica de grups en l'acció tutorial.* Guix, 199, pàg. 21-24.

ESCÁMEZ, J.; ORTEGA, P. (1986): *La enseñanza de actitudes y valores.* València. Nau Llibres.

ESTREMS, N.; LLADÓ, C. (1991): *La pràctica de la tutoria a l'escola.* Barcelona. Barcanova.

GALCERAN, M.; VILAR, J. (1992): *Discussió de dilemes morals.* Guix 180, pàg. 31-36.

GALVE, J.L. (1992): *La acción tutorial.* Madrid. Cepe.

GÓMEZ, M.; MIR, V.; SERRATS, M.G. (1990): *Propuestas de intervención en el aula.* Madrid. Narcea.

GUITART, R. (1984): 101 jocs. *Jocs no competitius*. Barcelona. Graó.
HOSTIE, R. (1974): *Técnicas de dinámica de grupo*. Madrid. ICCE.
MARÍN, M.A. (1987): *Crecimiento personal y desarrollo de valores. Un enfoque educativo*. València. Promolibro.
MARÍN, M.A. (1990): *La dinámica grupal y el clima de clase*. Dossier intern. Barcelona. Facultat de Pedagogia. Universitat de Barcelona.
MATA, M.; UDINA, M.J. (1981): *Pensem en la Nova Educació*. Barcelona. Edicions 62.
MONTANÉ, J.; MARTÍNEZ, M. (1994): *La orientación escolar en la educación secundaria*. Barcelona. PPU.
PAGÈS, M. (1977): *La vida afectiva de los grupos*. Barcelona. Fontanella.
PALLARES, M. (1978): *Técnicas de grupos para educadores*. Madrid. ICCE.
ROGERS, C. (1961): *El proceso de convertirse en persona*. Buenos Aires. Paidós.
RODRÍGUEZ AROLDO (1976): *Psicología social*. Mèxic. Trillas.
RUÉ, J. (1989): *El trabajo cooperativo por grupos*. Cuadernos de Pedagogía, 170, pàg. 18-20.
SAC DE DANSES (1988): *Danses i jocs dansats*. Barcelona. Sac de danses.
SASTRE, G. (1993): *Contextos sociales y relaciones interpersonales*. Congreso de Pedagogía Operatoria, abril.
SORÍN, M. (1992): *La creatividad. Barcelona*. Labor.
SERRANOS, G. (1989): *Acción tutorial en grupo*. Madrid. Escuela Española.
THELEN, H.A. (1970): *Dinámica de los grupos en acción*. Buenos Aires. Escuela.
ULICH, D. (1974): *Dinámica de grupo en la clase escolar*. Buenos Aires. Kapelusz.
URRUZOLA, M.J. (1991): *¿Es posible coeducar en la actual escuela mixta?* Bilbao. Maite Canal.
VIANA, T. (1991): *El profesor-tutor. Consideraciones para mejorar la acción tutorial*. València. Blázquez Ediciones.
VILLAVERDE (1966): *Dinámica de grupos y educación*. Buenos Aires. Humanitas.
WATKINS, C. (1991): *La disciplina escolar*. Oxford. Paidós.